どんなビジネスシーンでも瞬時に話せる

英会話フレーズ大特訓
ビジネス編

定番770フレーズ

Michy 里中 著
Michy Satonaka

植田 一三 監修
Ichizo Ueda

Jリサーチ出版

はじめに

✦ ビジネス英会話の「発信力」を身につける

「ビジネス英語は難しい」。「自分の言いたいことが英語でうまく言えない」。これは、グローバル化時代に英語を話す必要に迫られた日本のビジネスパーソンの偽らざる生の声です。

単語や文法、英文読解の知識があり、またTOEIC等の資格試験でハイスコアを所持していても、いざ現場で英語を「話す」となると、とっさにフレーズが出ずにもどかしい思いをしている人が非常に多いのが現状です。

私はビジネス通訳および翻訳業に携わるかたわら、英検1級講座やTOEIC講座の講師もさせていただいておりますが、生徒さんのほとんども、読解や文法はある程度自信があるのに、スピーキングとなると苦手意識が強く、思い通りに話せず悩んでいるのです。

本書は、スピーキングスキルを向上させたいビジネスパーソンが、短期間で「発信力」「即戦力」を確実に身につけることを目的として作成された、まさに画期的な一冊です。

✦ ビジネスシーン別に「即戦力フレーズ」を特訓する

フレーズはただがむしゃらに頭に詰め込んでも定着率は低く、決して効率の良い方法とは言えません。

本書では、左ページの日本語訳とキーワードを見て、それを瞬時に英語に言い換えて発話する練習をします。このアプローチは、言いたいときにすぐフレーズが出てくるベストのトレーニングです。

また、シーンや状況ごとにまとめて学習することで、各フレーズ

がイメージしやすく、記憶にも定着しやすくなります。とっさに話す必要に迫られた場合も、状況に応じた的確な表現が瞬時に頭に浮かびます。まさに「即戦力」となって力を発揮するのです。

　CDは「日本語訳」→「ポーズ」→「英語フレーズ」の順番で録音されています。本で練習した後は、CDを使って実践的な練習を繰り返し行ってください。

　実のところ、こうしたシンプルな反復トレーニングこそが、スピーキングに悩む多くの英語学習者に欠けているのです。本書の各シーンを繰り返し音読練習すれば、ビジネス英会話のレベルは飛躍的にアップするでしょう。

　例文はすべて、私がこれまで国内外のビジネス経験に基づいて厳選した「生の表現」です。少し難しく感じるものもあるかもしれませんが、これが実際に使われている英語ですので、ぜひトライしてみてください。

　皆様が本書を最大限に活用され、グローバルなビジネスの現場でご活躍されることを願ってやみません。

　本書の刊行にあたり、監修をいただきました植田一三氏、英文校正でご尽力くださったロサンゼルス在住のFredrick Bell氏、Melanie Moore氏には心より感謝いたします。そして本書を手に取ってくださった読者の皆様に深くお礼申し上げます。

Love and blessings on your life journey!

Michy里中

CONTENTS

はじめに ……………………………………………………………………… 2
ビジネス英会話を身につける3つの戦略 …………………………………… 8
英会話フレーズ大特訓の練習法 ……………………………………………… 9
本書の利用法 …………………………………………………………………… 10

第1章　ベーシック会話編 …………………………………… 13

- SCENE 1　あいさつの基本 ……………………………………… 14
- SCENE 2　あいさつを返す ……………………………………… 16
- SCENE 3　別れ際・帰宅時のあいさつ ………………………… 18
- SCENE 4　受付での応対①　基本 ……………………………… 20
- SCENE 5　受付での応対②　応用 ……………………………… 22
- SCENE 6　アポイントをとる①　基本 ………………………… 24
- SCENE 7　アポイントをとる②　応用 ………………………… 26
- SCENE 8　電話をかける・受ける ……………………………… 28
- SCENE 9　電話で社員の不在を伝える ………………………… 30
- SCENE 10　電話のさまざまな応対 ……………………………… 32
- SCENE 11　自己紹介する ………………………………………… 34
- SCENE 12　人を紹介する ………………………………………… 36
- SCENE 13　お礼を言う①　基本 ………………………………… 38
- SCENE 14　お礼を言う②　応用 ………………………………… 40
- SCENE 15　お詫びをする ………………………………………… 42
- SCENE 16　なぐさめる・励ます ………………………………… 44
- SCENE 17　誘う ……………………………………………………… 46
- SCENE 18　アドバイスをする …………………………………… 48
- SCENE 19　気分・調子について話す …………………………… 50
- SCENE 20　体調について話す …………………………………… 52
- ▶心を揺さぶるビジネス名言① ……………………………………… 54

第2章　社内会話編 …… 55

SCENE 21	依頼する	56
SCENE 22	依頼を受ける	58
SCENE 23	依頼を断る・保留する	60
SCENE 24	仕事の指示をする	62
SCENE 25	ヘルプする	64
SCENE 26	進行状況を確認する	66
SCENE 27	進行状況を伝える	68
SCENE 28	仕事の状況を説明する	70
SCENE 29	社内会話のお決まりフレーズ	72
SCENE 30	報告・連絡する	74
SCENE 31	クレームを伝える	76
SCENE 32	クレームに対応する	78
SCENE 33	支払いのクレーム	80
SCENE 34	パソコン・ネットを使う	82
SCENE 35	オフィス用品を使う	84
SCENE 36	休憩する	86
SCENE 37	残業する	88
SCENE 38	会議を始める	90
SCENE 39	会議の概略と資料	92
SCENE 40	意見を述べる・聞く	94
SCENE 41	賛成する	96
SCENE 42	反対する	98
SCENE 43	会議を締めくくる	100
SCENE 44	社内行事・イベント	102
SCENE 45	休暇・退職・解雇	104
SCENE 46	欠勤・遅刻・出張	106

SCENE 47	人事異動	108
SCENE 48	応募・面接・転職	110
▶心を揺さぶるビジネス名言②		112

第3章　商談・接待・出張編　113

SCENE 49	プレゼンを始める	114
SCENE 50	会社を紹介する	116
SCENE 51	資料を駆使する	118
SCENE 52	商品・サービスを説明する	120
SCENE 53	プレゼンを締めくくる	122
SCENE 54	商談・交渉① 見積り	124
SCENE 55	商談・交渉② 売り込み	126
SCENE 56	商談・交渉③ 価格	128
SCENE 57	商談・交渉④ 取引条件	130
SCENE 58	商談・交渉⑤ 納期	132
SCENE 59	商談・交渉⑥ 支払い	134
SCENE 60	商談・交渉⑦ 締める	136
SCENE 61	マーケティング	138
SCENE 62	ゲストを迎える	140
SCENE 63	アテンドの予定を決める	142
SCENE 64	食事をする	144
SCENE 65	パーティーのマナー	146
SCENE 66	乾杯する	148
SCENE 67	パーティーで会話を楽しむ	150
SCENE 68	日本を紹介する①	152
SCENE 69	日本を紹介する②	154
SCENE 70	海外出張① 空港で	156

SCENE 71	海外出張② 機内にて	158
SCENE 72	海外出張③ ホテルの予約	160
SCENE 73	海外出張④ 滞在する	162
SCENE 74	海外出張⑤ ホテルのトラブル	164
SCENE 75	海外出張⑥ 道順と交通機関	166
▶心を揺さぶるビジネス名言③		168

第4章 とっさのお役立ちフレーズ編 ... 169

SCENE 76	とっさのショートフレーズ①	170
SCENE 77	とっさのショートフレーズ②	172
SCENE 78	とっさのショートフレーズ③	174
SCENE 79	とっさのショートフレーズ④	176
SCENE 80	とっさのショートフレーズ⑤	178
SCENE 81	ビジネス四字語①	180
SCENE 82	ビジネス四字語②	182
SCENE 83	ビジネス四字語③	184
SCENE 84	四字熟語①	186
SCENE 85	四字熟語②	188
▶心を揺さぶるビジネス名言④		190

日本語逆引きインデックス ... 191

ビジネス英会話を徹底強化する3つの戦略

戦略1　ビジネス英語の定番フレーズをマスター

　ビジネス英語は決して難しくありません。もし難しそうに感じるのであれば、それは単に慣れていないだけのことです。ビジネスの現場で必要な表現というのは一般の英会話とは異なり、ある程度までは絞り込むことができます。つまり、定番フレーズを繰り返し練習すれば、短期間でも十分に攻略が可能なのです。左ページの日本語訳とキーワードをヒントにして、英語が瞬時に出てくるまで繰り返し音読練習してください。反復することで、即効性のある定番フレーズが確実に身につきます。

戦略2　ビジネス現場に必須のフォーマル表現を身につける

　ビジネスの現場では、その場の状況を素早く把握し、最適な表現を使う必要に迫られます。英語を話すときは、日本語のように敬語を使い分ける必要はないと思っていませんか。もちろん英語には尊敬語や謙譲語といった明確な分類はないものの、ビジネスシーンやフォーマルな状況で使うべき適切な表現があります。本書の例文にはこうした「フォーマル表現」をあらかじめ組み込んでいますので、例文と一緒に効率よく習得でき、ビジネス英語の感性も自然に養われます。

戦略3　シチュエーション別に発信トレーニング

　ビジネス英語とひと口に言っても、例えば「電話応対」や「クレーム処理」、「会議」、「商談」など、そのシチュエーションはさまざまなものに分かれます。仕事のシーン・状況別にフレーズを学習すると、イメージによっていくつかのフレーズを覚えることができ、実際のビジネスシーンで遭遇する状況に最適な表現がスムーズに出てくるようになります。本書の例文はすべてシーン別に整理されています。担当部署や仕事の内容、また個人のレベルに合わせて、最優先すべきシーンを選び出し、集中的に学習を進めることもできます。こうした集中練習は即戦力アップにとても効果的です。

英会話フレーズ大特訓の練習法

　各SCENEともに、左ページに「日本語訳」、右ページに「英語フレーズ」が9つずつ並んでいます（SCENE 76-80は10個ずつ）。STEPを参考にして、練習しましょう。

▶▶▶ STEP ①

　日本語ページの表現のヒントを参考にしながら、まずゆっくりと自力で日本語に合った英語を言ってみましょう。そして、答え合わせをして音読しましょう。

▶▶▶ STEP ②

　日本語を目隠しシートで隠し、英語フレーズを見ながらCDを聞いてみましょう。次に英語フレーズを見ずにCDを聞いてみましょう。

▶▶▶ STEP ③

　英語フレーズを目隠しシートで隠し、日本語を見て英語フレーズを言ってみましょう。忘れていたら、無理をせずに日本語を確認してください。

▶▶▶ STEP ④

　CDを使って、日本語フレーズを聞いて、自分で英語フレーズを言ってみましょう。日本語の後には話すためのポーズがあります。CDだけで繰り返し練習しましょう。

本書の利用法

第1章「ベーシック会話編」、第2章「社内会話編」、第3章「商談・接待・出張編」、第4章「とっさのお役立ちフレーズ編」という構成で、ビジネスに必要な会話フレーズが万遍なく身につくようになっています。

● SCENEのテーマを示します。フレーズはこのテーマに沿って、集められています。

● 英語にすべき日本語です。右側に「表現のヒント」を示します。

SCENE 8 電話をかける・受ける

電話での応対は中級者でも緊張するものです。定番フレーズが活躍するので、よく使われるものをしっかり練習しておきましょう。

□ 1 こんにちは、SSGの内藤ハヤトです。　○ speakを使う

□ 2 ご用件をお伺いいたします。　○ How ～?を使う

□ 3 ウィルシャーさんをお願いできますか。　○ available 電話に出られる；応対できる

□ 4 マーケティング部をお願いできますか。　○ haveを使う

□ 5 経理部につないでいただけますか。　○ put me through to ～ ～につなぐ

□ 6 しばらくお待ちください。　○ line (回線)を使う

□ 7 上海でもうすぐ開催される会議のことでお電話したのですが。　○ I'm calling about ～ ～で電話している

□ 8 ただ今彼が電話に出られるか確認します。　○ I'll check if ～ ～かどうか確認する

□ 9 ではおつなぎいたします。　○ transfer つなぐ；転送する

28

▶ 第1章　ベーシック会話編

あいさつ、電話、自己紹介、お礼など、定番フレーズをしっかり練習します。

▶ 第2章　社内会話編

仕事の依頼、報告・連絡、会議、人事・面接など、お決まりフレーズを中心に練習します。

▶ 第3章　商談・接待・出張

プレゼンや商談、出張で大活躍するシンプルフレーズを練習します。

▶ 第4章　とっさのお役立ちフレーズ編

言えそうで言えないショートフレーズと、日本語のビジネス四字語・四字熟語に対応した英語表現を練習します。

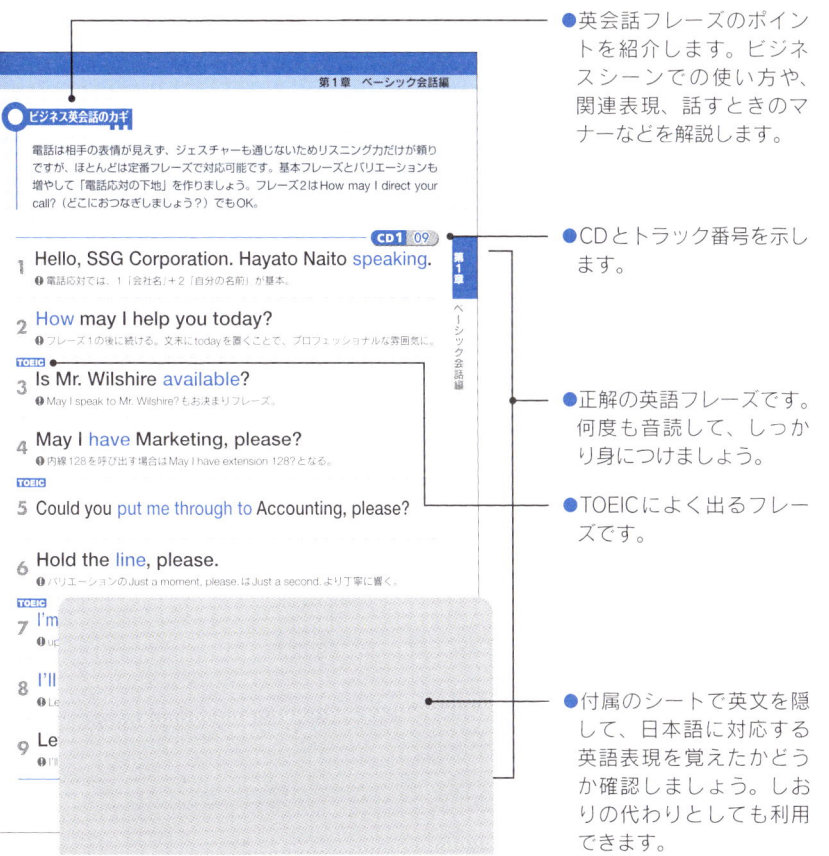

- ●英会話フレーズのポイントを紹介します。ビジネスシーンでの使い方や、関連表現、話すときのマナーなどを解説します。

- ●CDとトラック番号を示します。

- ●正解の英語フレーズです。何度も音読して、しっかり身につけましょう。

- ●TOEICによく出るフレーズです。

- ●付属のシートで英文を隠して、日本語に対応する英語表現を覚えたかどうか確認しましょう。しおりの代わりとしても利用できます。

[心を揺さぶるビジネス名言①〜④]

コラムでは有名なビジネスパーソンたちのとっておきのひと言を紹介します。仕事のヒントにもなるうえ、覚えておくと気の利いたスモールトークのヒントにもなります。

[日本語逆引きインデックス]

巻末には日本語から引ける索引を掲載しました。言いたいフレーズを検索するのに利用してください。

CDの使い方

- CDは2枚あり、本の左ページの「日本語」と右ページの「英語フレーズ」がどちらも収録されています。
- 「日本語」→(ポーズ)→「英語フレーズ」の順番で録音されているので、日本語の後に自分で声に出して言ってみましょう。

CDの録音例

「いろいろとお世話になりました」

↓

(ポーズ) ここで、自力で英語を言ってみましょう。

↓

Thank you for everything.

自分の言った英語が正しいかどうか確認しましょう。

第1章

ベーシック会話編

仕事の基本になる会話フレーズからスタートしましょう。あいさつ、電話、自己紹介、お礼など、定番フレーズをしっかり練習しましょう。

● SCENE 01（CD-1 Track 02）
　▼
● SCENE 20（CD-1 Track 21）

SCENE 1 あいさつの基本

英語でのビジネスも基本はまずあいさつです。定型フレーズを使うのが基本ですが、マナーにも気を配りましょう。

□ 1	こんにちは。お会いできてうれしいです。	○ great pleasure 嬉しい(こと)
□ 2	お会いできるのを心待ちにしていました。	○ look forward to ~ ~を心待ちにする
□ 3	お目にかかれて大変うれしいです。	○ delighted たいへんうれしい
□ 4	やっとお会いできて光栄です。	○ finally やっと
□ 5	お久しぶりですね。 [どうされていましたか]	○ How have ~ どうされて~
□ 6	こんにちは。またお会いできてうれしいです。	○ Good to ~ ~してうれしい
□ 7	最近いかがですか。	○ How are things going with ~ ~はどうですか
□ 8	最後に会ってからしばらく経ちますね。	○ since I last saw you 最後に会ってから
□ 9	少しは落ち着きましたか。	○ settle in 落ち着く

第1章 ベーシック会話編

● ビジネス英会話のカギ

英語のあいさつは日本語のように必ず敬語である必要はありませんが、ビジネスではカジュアルになりすぎないように注意しましょう。ここでは安心して使えるフレーズを集めました。あいさつのときにはいつもより声を大きく、笑顔で前向きな印象を与えましょう。

CD1 02

1. **Hello. It's a great pleasure to meet you.**
   ❶ It's very nice to meet you. も定番のフレーズ。

TOEIC
2. **I've been looking forward to meeting you.**
   ❶ すでに面識のある相手の場合はmeetingをseeingに変えることに注意。

3. **I'm delighted to meet you.**
   ❶ フォーマルな場面で。It's an honor to meet you. も使える。honorは「光栄；名誉」の意。

4. **I'm so happy that I could finally meet you.**

TOEIC
5. **How have you been?**
   ❶ Long time no see. も定番フレーズ。

6. **Hi. Good to see you!**

7. **How are things going with you lately?**

TOEIC
8. **It's been a long time since I last saw you.**
   ❶ 直訳すると「最後にお会いしてから長いですね」。

9. **How are you settling in?**

SCENE 2 あいさつを返す

あいさつを受けたらきちんと返すのが礼儀です。よく使うフレーズから始めて、いくつかのバリエーションを使いこなせるようにしましょう。

□ 1 元気ですよ。
○ great
元気です

□ 2 元気でしたよ。そちらは？
○ do fine
元気です

□ 3 （あなたが）戻ってきてくれてよかったです！
○ have you back
あなたが戻ってくる

□ 4 相変わらず忙しくしております。
○ keep busy
相変わらず忙しい

□ 5 本当にご無沙汰しております。
○ has been を使う

□ 6 こちらはいつもと変わりません。
○ the same as always
いつもと同じ

□ 7 何とかやっています。
○ get by
何とかやりくりする；ぎりぎりで過ごす

□ 8 見違えました！
［あなたとは気づかなかった］
○ recognize
気づく

□ 9 後でゆっくり話しましょう。
○ catch up to do を使う

第1章 ベーシック会話編

ビジネス英会話のカギ

相手のあいさつに応じてさまざまなレスポンスができれば、相手も親しみを感じてくれるでしょう。また、これからの信頼関係の構築にも大きな第一歩となります。基本のI'm fine, thank you.からレベルアップできる多彩なレスポンスを身につけましょう。フレーズ9は筆者の経験で、よく耳にするフレーズです。

CD1 03

1 Great, thanks.
- thanks（ありがとう）をしっかり付け加えよう。

2 I've been doing fine, thanks. And you?
- And you?と相手にも返そう。

3 I'm so glad to have you back!

TOEIC
4 I'm keeping busy as usual.
- 「相変わらず」はas usualを使う。

TOEIC
5 It's really been a long time.
- このまま覚えておきたい。

TOEIC
6 Everything is the same as always here.
- 「こちらは」はhereで表せる。

7 I'm getting by.

8 I hardly recognized you!

9 We have a lot of catching up to do.
- have a lot of catching up to do（積もる話がある）は付き合いが長い間柄での重要フレーズ。

SCENE 3 別れ際・帰宅時のあいさつ

帰宅するときのあいさつは定型フレーズを活用しましょう。別れるときの言葉はさまざまな言い方があり、ここでは代表的なものを練習しましょう。

☐ 1 では今日はこれで失礼します。また明日。
→ leave
失礼する

☐ 2 ではそろそろおいとまします。
→ get going
出る；おいとまする

☐ 3 ご一緒できてよかったです。
→ pleasureを使う

☐ 4 お別れするのは名残り惜しいです。
→ see you leave
お別れする

☐ 5 八木さんにはくれぐれもよろしくお伝えください。
→ give my best regards to ~
~によろしく伝える

☐ 6 どうぞお気をつけてお帰りください。
→ have a safe trip
お気をつけて

☐ 7 お忘れ物などありませんか。
→ everythingを使う

☐ 8 こちらを原田さんにお渡し願いたいのですが。
→ This is for ~
こちらは~(さん)宛てのものです

☐ 9 ゆっくり休んでください。
［忙しかった日の帰宅時に］
→ earn
得る

第1章 ベーシック会話編

> **ビジネス英会話のカギ**
>
> 例文以外にIt was a pleasure meeting you.（お会いできてよかったです［初対面で］）、Thank you so much for your assistance.（お力添えをいただきありがとうございました）、So you're really off now.（いよいよ出発ですね）もよく使います。

CD1 04

1 I'm leaving for today. See you tomorrow.

TOEIC
2 I think I have to get going now.
❶ I have to take off. という言い方もよく使う。take offは「出る；出発する」。

TOEIC
3 It's been a pleasure working with you.
❶ It's been great working with you. という言い方もある。

4 I'm sorry to see you leave.
❶ このsorryは「残念に思う」の意味。

TOEIC
5 Please give my best regards to Mr. Yagi.
❶ こう言われたら、Sure, of course.（もちろんですよ）などで返そう。

6 Have a safe trip back home.
❶ 海外からのゲスト（飛行機の場合）にはHave a safe flight back home. でもOK。

7 Have you got everything?
❶ 直訳すると「すべて持ちましたか」。

8 This is for Mr. Harada. Thanks.

TOEIC
9 You have earned some time off.
❶ You deserve a break. でもOK。deserveは「〜の価値がある」の意味。

SCENE 4 受付での応対① 基本

受付の応対にはまず定型フレーズを身につけましょう。礼儀にかなった応対をするのが第一で、そうすればお客さんも安心です。

□ 1 こんにちは。お伺いしましょうか。
　　○ How 〜 ? を使う

□ 2 こんにちは。私はFMB社の沖山敬司ですが、近藤様をお願いできますか。
　　○ I'm here to see 〜
　　　〜と会う予定でここに来た

□ 3 近藤様に2時にお会いする予定なのですが。
　　○ appointment
　　　約束

□ 4 お待ちしておりました。
　　［ようこそおいでくださいました］
　　○ expect
　　　待つ

□ 5 お茶などいかがでしょうか。
　　○ care for 〜
　　　〜を好む・欲する

□ 6 よろしければお掛けになってお待ちください。
　　○ if you'd like
　　　よろしければ

□ 7 彼が準備ができているか確認いたします。
　　○ let me check
　　　確認いたします

□ 8 彼は今こちらに向かっています。
　　○ on one's way
　　　〜の途中で

□ 9 藤原はすぐに参ります。
　　○ be right with you
　　　すぐこちらに来て応対する

第1章 ベーシック会話編

ビジネス英会話のカギ

受付のシチュエーションで用いる表現はほとんど決まっています。How can I help you?（ご用件をお伺いしましょうか）、We've been expecting you.（お待ちしておりました）は定番。フレーズ6のif you'd like（よろしければ）は、最後に付け足すとビジネス英語らしいフォーマルな雰囲気が出ます。

CD1 05

TOEIC

1. **Hello. How can I help you?**
   ❶ 決まり文句なのでこのまま覚えよう。

2. **Hello. I'm Keiji Okiyama from FMB Corporation. I'm here to see Mr. Kondo.**

3. **I have a 2 o'clock appointment with Mr. Kondo.**
   ❶ 約束の相手はappointmentの後にwithで続ける。

TOEIC

4. **We've been expecting you.**
   ❶ アポなどで「待つ」場合はexpectを使う。

TOEIC

5. **Would you care for some tea?**
   ❶ Would you like some tea?でもOK。

6. **Please have a seat if you'd like.**
   ❶「お座りください」にはhave a seatを使うのが普通。

7. **Let me check if he's ready.**
   ❶ let me ～（私に～させる）を使うことで、丁寧な言い方になる。

8. **He's on his way.**

TOEIC

9. **Mr. Fujiwara will be right with you.**
   ❶ 受付での定番フレーズ。

SCENE 5 受付での応対② 応用

応対フレーズの応用編を練習しましょう。受付では、さまざまな要請を受けるので、ある程度対応できるようにしておきましょう。

- [ ] 1 お待たせしてすみません。
  - ○ keep you wait
    待たせる

- [ ] 2 もしよろしければコートをお脱ぎください。
  - ○ take off 〜
    〜を脱ぐ

- [ ] 3 ちょっと近くまで来たものですから。
  - ○ in the neighborhood
    近くまで

- [ ] 4 彼は何時頃お戻りですか。
  - ○ about what time
    何時頃

- [ ] 5 すみませんが、彼は本日は戻りません。
  - ○ have gone
    戻らない

- [ ] 6 また日を改めてお越しいただけますか。
  - ○ some other time
    また日を改めて；別の日に

- [ ] 7 責任者の方とお会いしたいのですが。
  - ○ person in charge
    責任者

- [ ] 8 他の者が対応させていただきますが。
  - ○ assist
    対応する；手伝う

- [ ] 9 では着いてきてください。こちらです。
  - ○ right this way
    こちらです

第1章 ベーシック会話編

ビジネス英会話のカギ

フレーズ5のHe's gone for the day.(彼は今日はもう戻らない)はcome back(戻る)を使わないのが自然で的確な表現。About what time is he expected to be back?(いつ頃お戻りですか)は、aboutを最初にもってくることで聞きたいことがストレートに伝わります。

CD1 06

1 **Sorry for keeping you waiting.**
   ❶ 相手を待たせてしまったときの定番のフレーズ。

2 **Take off your coat, if you'd like.**
   ❶ coatには「スーツの上着」の意味もある。

TOEIC
3 **Well, I was just in the neighborhood.**
   ❶ 言えそうで言えない表現。このようなシチュエーションで使われる。

4 **About what time is he expected back?**
   ❶ この場合aboutは文頭でOK。

5 **I'm afraid he's gone for the day.**
   ❶ 同じ意味のHe's left for the day.でバリエーションを増やそう。

6 **Would you please come back some other time?**

TOEIC
7 **I'd like to see the person in charge.**
   ❶ in charge ofなら「〜を担当して」。

8 **Can someone else assist you?**
   ❶ assistはこの他にHow may I assist you?(ご用件をお伺いしましょうか)もよく使われる。

9 **Please follow me. Right this way.**
   ❶「こちらへどうぞ」はPlease come this way.とも言える。

SCENE 6 アポイントをとる① 基本

ビジネスで欠かせないのがアポイントをとること。相手の都合を気遣った表現を使うことが大切です。

☐ 1	今週あたりお会いすることはできますか。	○ Would it be possible to ~ ? ～は可能ですか
☐ 2	来週火曜日はいかがでしょうか。	○ available 都合がいい
☐ 3	だいたい何時頃が都合がいいですか。	○ convenient 都合がいい
☐ 4	来週の予定はどんな感じでしょうか。	○ be fixed up (予定などが)決まっている
☐ 5	可能であれば月曜日に会ってお話ししたいのですが。	○ if possible 可能であれば
☐ 6	来週あたりもう一度お会いできますか。	○ get together 会う
☐ 7	3時30分は大丈夫でしょうか。	○ work うまく行く
☐ 8	金曜日はちょっと無理です。	○ make it 都合がつく；間に合う
☐ 9	はい、火曜日は大丈夫です。	○ great 大丈夫だ

ビジネス英会話のカギ

アポイントのスケジュール設定ではavailable（話をする時間がある）、convenient（都合がいい）などの単語を上手に組み込みましょう。また、work for you（あなたのスケジュールに合う）、if possible（可能なら）、get together（会う）などに慣れておきましょう。

---

1. **Would it be possible to** meet sometime this week?
   ● sometimeは相手の都合を気遣うクッションになる。

2. Are you **available** next Tuesday?

3. Around what time would be **convenient** for you?

4. How **are** you **fixed up** next week?

5. I'd like to come and talk with you on Monday **if possible**.
   ●「会って話す」はcome and talkで表現できる。

6. Can we **get together** again next week?
   ● get togetherはmeetの代わりによく使われる。

7. Does 3:30 **work for** you?
   ● スケジュールを確認するときの定番フレーズ。

8. I can't **make it** on Friday.
   ● 他にI'm not available on Friday. でもOK。

9. Sure, Tuesday would be **great**.
   ● wouldを使うことで丁寧な言い方になる。

SCENE 7 アポイントをとる② 応用

アポイントをとる際にはお互いの都合を調整することも必要です。そんなときに役立つフレーズを練習しておきましょう。

□ 1 私がそちらに参りましょうか。
- come up
  参る:赴く

□ 2 代わりに15日はいかがですか。
- manage
  やりくりする:都合をつける

□ 3 どちらでも結構ですよ。
- whichever
  どちらでも

□ 4 私は何時でも大丈夫ですが。
- work for me
  私は大丈夫である(都合がつく)

□ 5 申し訳ありませんが、時間を変更させてもらうわけにはいかないでしょうか。
- Would it be too much trouble to 〜?
  〜してもらうのは可能でしょうか

□ 6 アポを午前中の時間帯にずらしてもらうことは可能ですか。
- switch over 〜
  〜をずらす

□ 7 あいにく今週はスケジュールが重なっていて都合が悪いのですが。
- have a scheduling conflict
  予定が重なっている

□ 8 急を要する事態が起きてしまいまして。
- emergency
  緊急事態

□ 9 ぎりぎりになっての変更になり大変申し訳ありません。
- last-minute
  ギリギリの;突然の

第1章 ベーシック会話編

ビジネス英会話のカギ

ここで紹介するフレーズはより実践的です。manage（都合をつける）、switch over（予定をずらす；切り替える）などを使いこなしましょう。Whichever you prefer.（どちらでもお好きな方で）やscheduling conflict（予定がかち合っている）などはこのまま覚えておきましょう。

CD1 08

1. **Would you like me to come up?**
   ❶「いいえ、私が参りますよ」ならNo, I'll come down. でOK。

TOEIC

2. **Can you manage the 15th instead?**
   ❶ この他 Can we meet up on the 15th instead? とも言える。

3. **Whichever you prefer.**
   ❶ Either way is fine. も覚えておこう。

4. **Any time works for me actually.**
   ❶ actuallyは「実のところ」というニュアンスで軽く添えている。

5. **Would it be too much trouble to change the time?**
   ❶ 非常に丁寧な依頼の表現。

6. **Is it possible to switch over our appointment to some time in the morning?**

TOEIC

7. **Unfortunately, I have a scheduling conflict this week.**
   ❶ conflictの直訳は「不一致；対立」。

8. **There's an emergency I have to deal with.**
   ❶ I have to deal with（私が対処しなければならない）を添えて、都合が悪い理由を示す。

9. **I'm very sorry for the last-minute change.**

SCENE 8 電話をかける・受ける

電話での応対は中級者でも緊張するものです。定番フレーズが活躍するので、よく使われるものをしっかり練習しておきましょう。

- [ ] 1 こんにちは、SSGの内藤ハヤトです。 ○ speakを使う

- [ ] 2 ご用件をお伺いいたします。 ○ How 〜 ?を使う

- [ ] 3 ウィルシャーさんをお願いできますか。 ○ available 電話に出られる：応対できる

- [ ] 4 マーケティング部をお願いできますか。 ○ haveを使う

- [ ] 5 経理部につないでいただけますか。 ○ put me through to 〜 〜につなぐ

- [ ] 6 しばらくお待ちください。 ○ line（回線）を使う

- [ ] 7 上海でもうすぐ開催される会議のことでお電話したのですが。 ○ I'm calling about 〜 〜で電話している

- [ ] 8 ただ今彼が電話に出られるか確認します。 ○ I'll check if 〜 〜かどうか確認する

- [ ] 9 ではおつなぎいたします。 ○ transfer つなぐ：転送する

第1章　ベーシック会話編

ビジネス英会話のカギ

電話は相手の表情が見えず、ジェスチャーも通じないためリスニング力だけが頼りですが、ほとんどは定番フレーズで対応可能です。基本フレーズと応用表現も増やして「電話応対の下地」を作りましょう。あいさつの後はHow may I direct your call?（どこにおつなぎしましょう？）でもOK。

CD1　09

1. Hello, SSG Corporation. Hayato Naito speaking.
❶ 電話応対では、1「会社名」＋2「自分の名前」が基本。

2. How may I help you today?
❶ フレーズ1の後に続ける。文末のtodayで、プロフェッショナルな雰囲気に。

TOEIC
3. Is Mr. Wilshire available?
❶ May I speak to Mr. Wilshire? も定番。

4. May I have Marketing, please?
❶ 内線128を呼び出す場合はMay I have extension 128? となる。

TOEIC
5. Could you put me through to Accounting, please?

6. Hold the line, please.
❶ バリエーションのJust a moment, please. はJust a second. より丁寧に響く。

TOEIC
7. I'm calling about the upcoming conference in Shanghai.
❶ upcomingは「（予定などが）間もなくの」の意味。upcoming visit（近々の訪問）。

8. I'll check if he's available right now.
❶ Let me check if 〜で始めてもいい。

9. Let me transfer your call.
❶ I'll put you right through. でもOK。

SCENE 9 電話で社員の不在を伝える

電話の相手が話したい社員が不在であることはよくあります。そんなときに、失礼にならないよう対応するフレーズの数々です。

- ☐ 1 あいにく彼は今社内におりませんが。 　○ inを使う

- ☐ 2 彼女は今少し席を外しているのですが。 　○ be away from one's desk 席を外して

- ☐ 3 申し訳ありません。彼はたった今出たところなのですが。 　○ step out 外に出る

- ☐ 4 申し訳ありません。彼女はただ今別の電話に出ております。 　○ another line 別の電話

- ☐ 5 彼は今、手が離せないようなのですが。 　○ come to the phone (電話に出る)を使う

- ☐ 6 彼女は今会議に出ておりまして、4時以降なら都合がつきますが。 　○ available 都合がつく

- ☐ 7 彼に折り返し連絡させましょうか。 　○ call 〜 back 折り返し〜に連絡する

- ☐ 8 伝言はございますか。 　○ take a message 伝言を受ける

- ☐ 9 了解いたしました。彼女に伝えておきます。 　○ let 〜 know 〜に知らせる

第1章 ベーシック会話編

ビジネス英会話のカギ

「あいにく〜」はI'm afraid 〜やI'm sorry, but 〜で表現します。away from desk（席を外している）、step out（ちょっと外へ出る）、on another line（他の電話に出ている）はすべて定番フレーズです。使いこなせるようになりましょう。

CD1 10

1. **I'm afraid he's not in right now.**
   ❶ not inの代わりにout（社外にいる）を使ってもいい。

TOEIC

2. **I'm afraid she's away from her desk for a moment.**
   ❶「席を外している」→「デスクから離れている」と考える。

3. **I'm sorry, but he's just stepped out.**
   ❶「たった今」は現在完了形's (has) justで表している。

4. **I'm sorry, but she's on another line right now.**

5. **He can't come to the phone right now.**
   ❶「手が離せない」→「電話口に来られない」と考える。

TOEIC

6. **She's in the meeting right now, but she'll be available after 4.**
   ❶「会議に出ている」はbe in the meetingでOK。

TOEIC

7. **Would you like him to call you back?**
   ❶ Would you like him to get back to you?と言ってもいい。

TOEIC

8. **May I take a message?**
   ❶「伝言を残す」ならleave a message。

9. **All right. I'll let her know.**

SCENE 10 電話のさまざまな応対

電話での応対にはさまざまな可能性が考えられます。定番フレーズを駆使して、会話力をアップしましょう。

☐ 1 どちら様でしょうか。 　　　　　○ Whoで始める

☐ 2 すみませんが、もう一度お名前をいただけますか。 　　　　　○ ask one's name 名前をいただく

☐ 3 ご用件を伺ってもよろしいですか。 　　　　　○ May I ask 〜？で始める

☐ 4 アダムス氏から紹介していただいた者ですが。 　　　　　○ refer A to B （面識のない状態で）AをBに紹介する

☐ 5 この件に関してどなたかお分かりになる方はいらっしゃいますか。 　　　　　○ know about 把握する；理解する

☐ 6 担当者に代わります。 　　　　　○ person in charge 担当者

☐ 7 こんにちは。営業部のジョーンズ様からお電話いただきまして折り返しているのですが。 　　　　　○ return a call 電話を折り返す

☐ 8 お電話いただいたそうですね。 　　　　　○ I heardを使う

☐ 9 お電話ありがとうございました。失礼いたします。 　　　　　○ 「失礼いたします」には nice dayを使う

第1章 ベーシック会話編

ビジネス英会話のカギ

May I ask what this is regarding?（どういったご用件ですか）、Who's calling, please?（どちら様ですか）、I heard you called.（お電話いただいたそうですが）などをうまく使いこなしましょう。電話を切るときにはHave a nice day.などとひと言添えるのがベスト。

CD1 11

1. **Who's calling, please?**
   ❶ 文頭にMay I askを付けるとさらに丁寧になる。

2. **I'm sorry, but may I ask your name again?**
   ❶ May I have your name again?とhaveを使ってもいい。

3. **May I ask what this is regarding?**
   ❶ 定番フレーズ。regardingは「〜に関して」という意味の前置詞。

4. **Mr. Adams referred me to you.**
   ❶ introduce（紹介する）は直接会う状況で用いることに注意。

5. **Is there anyone who knows about this?**
   ❶「どなたか」はanyoneを使う。

TOEIC

6. **I'll get you the person in charge.**
   ❶ get A + Bで「（電話で）AをBにつなぐ」という用法。

7. **Hello. I'm returning a call from Mr. Jones in Sales.**

8. **I heard you called.**
   ❶ 直訳は「あなたが電話をしたと聞いた」。

9. **Thank you for calling. Have a nice day.**
   ❶ 電話を終えるときの定番フレーズ。Have a good day.もOK。

SCENE 11 自己紹介する

自己紹介では名前を告げるほか、所属部署や社歴、担当する仕事などを伝えます。よく使うフレーズを練習しましょう。

- □ 1 初めてお目にかかりますね。 ● 「まだ会ったことがありませんね」とする

- □ 2 自己紹介させていただきます。 ● introduce myself 自己紹介する

- □ 3 企画開発部に所属しております。 ● I'm in 〜 〜に所属している

- □ 4 この会社には8年前に入りました。 ● join 入社する

- □ 5 私は新しくこちらに転勤になりました。 ● transfer 転勤させる

- □ 6 この仕事に10年以上携わっています。 ● I've been involved in 〜 〜に携わっている

- □ 7 私は人事部長です。 ● headを使う

- □ 8 私がこのプロジェクトの責任者です。 ● manager 責任者；マネジャー

- □ 9 来月から別の部署に移ります。 ● move to 〜 〜へ移動する

第1章 ベーシック会話編

ビジネス英会話のカギ

自分が所属する部署を言うときはI'm in Sales.とI'm in the Sales Department.（営業部です）の2パターンが可能です。line of work [business]（仕事の業種）やbe involved in ～（～に携わる）はビジネスの自己紹介でよく使う表現です。

CD1 12

1. We haven't met.
- 日本語に引きずられてI haven't met you before.としないように。自然な英語で。

2. Allow me to introduce myself.
- Let me ～で始めることも可能。

3. I'm in Planning & Development.
- Planning & Developmentで「企画開発部」の意味。

4. I joined this company 8 years ago.
- 勤続年数を表現するのに使うフレーズ。

5. I'm newly transferred here.
- 「転勤する」は受け身にする。

6. I've been involved in this line of business for 10 years.
- line of business [work]で「業種；事業」の意味。

7. I'm the head of personnel.
- personnelは「人事（部）」のほかに「人員；社員」の意味もある。

8. I'm the manager of this project.
- 「彼女が担当者です」はShe is the one in charge.と言える。

9. I'm moving to another department from next month.
- 近い未来のことは現在進行形で表現できる。

SCENE 12 人を紹介する

上司や部下、同僚を紹介する必要があるときもあります。そんなときによく使うフレーズも練習しておくと安心です。

□ 1 ジョーンズさん、近藤さんを紹介いたします。 ● meetを使う

□ 2 井上が私の後任になります。 ● take over
引き継ぐ

□ 3 彼は私の部下です。 ● workを使う

□ 4 お噂はかねがねうかがっております。 ● I've heard 〜
〜をうかがって(聞いて)いる

□ 5 佐藤氏には後ほどお引き合わせいたします。 ● You'll meetを使う

□ 6 彼とはもう古いつきあいです。 ● go back a long way
長いつきあいである

□ 7 あなたの直属の上司は誰になりますか。 ● supervisor
上司

□ 8 近藤さんが私の上司です。 ● report to 〜
〜に直属する

□ 9 残念ながら彼女はもうこの会社にはおりません。 ● no longer
もはや〜でない

第1章 ベーシック会話編

ビジネス英会話のカギ

take overは重要なビジネス表現で、take over the position（仕事を引き継ぐ）と take over the company（会社を買収・吸収する）と2通りの意味に注意。部下（subordinate）を紹介する場合はフレーズ3のようにwork forで表現します。

CD1 13

1. Mr. Jones, I'd like you to meet Mr. Kondo.
❶ Let me introduce you to Mr. Kondo. でもOK。

TOEIC
2. Mr. Inoue is going to take over my position.

3. He works for me.
❶ work for ～で「～に仕える」の意味を出せる。

4. I've heard a lot of good things about you.
❶ good thingsとしていい噂であることを示したい。

5. You'll meet Mr. Sato later.

6. He and I go back a long way.
❶ He and Iで始めるのがポイント。Iは後に置く。

TOEIC
7. Who's your immediate supervisor?
❶ immediate supervisorで「直属の上司」。他にWho do you report to? もよく使う。

TOEIC
8. I report to Mr. Kondo.
❶ report toは「～に報告義務がある」→「～に直属する」となる。重要フレーズ。

TOEIC
9. Unfortunately she's no longer with us.
❶「会社にいる」はシンプルにwith usで表せる。

SCENE 13 お礼を言う① 基本

お礼を言うことはビジネスの現場でも欠かせません。言葉足らずにならないように、表現のコツをつかんでおきましょう。

□ 1 いろいろとお世話になりました。
　○ everything
　いろいろ

□ 2 お忙しいところありがとうございました。
　○ your time
　時間をいただいて

□ 3 本当にお世話になりました(助かりました)。ありがとうございました。
　○ You've been で始める

□ 4 お礼を言うのはこちらの方ですよ。
　○ Oh, I should be で始める

□ 5 そうしてもらえれば非常に助かります。ありがとうございます。
　○ be a big help
　非常に助かる

□ 6 教えてくれてありがとうございます。
　○ update
　(連絡事項・情報などを)教えてもらうこと

□ 7 おっと、忘れるところでした。おかげで思い出しましたよ、ありがとうございます。
　○ reminder(思い出させるもの・ヒント)を使う

□ 8 お招きいただきましてありがとうございました。
　○ have me
　お招きいただく

□ 9 本当に感謝します。
　○ enough を使う

第1章　ベーシック会話編

ビジネス英会話のカギ

「感謝の気持ち」を表現する場合は、Thank you. や I appreciate it. などのひと言フレーズだけで終わらず、ここで紹介するように具体的なお礼の理由を付け加え、相手にきちんと謝意を伝えるようにしましょう。

CD1 14

1. **Thank you for everything.**
   ❶ このフレーズのまま覚えよう。どんな局面でも使える便利な言い方である。

2. **Thank you for your time.**
   ❶ It's my pleasure.（どういたしまして）などでレスポンスしよう。

3. **You've been a great help. Thanks a lot.**
   ❶ You've been very helpful. もよく使われる。

4. **Oh, I should be the one thanking you.**
   ❶ 相手のお礼に対して使える気の利いたフレーズ。

5. **That'll be a big help. Thanks.**
   ❶ That で「そうしてもらえれば」を表す。

[TOEIC]
6. **Thanks for the update.**
   ❶ 相手に新しい情報を教えてもらったときのお礼のフレーズ。

7. **Oh, I nearly forgot. Thank you for the reminder.**
   ❶ reminder を使った表現も定番フレーズ。

[TOEIC]
8. **Thank you for having me.**
   ❶「お招きいただいて」は inviting me とも言えるが、having me の方がナチュラル。

[TOEIC]
9. **I can't thank you enough.**
   ❶ 直訳では「十分に感謝できない」。このフレーズのまま覚えておきたい。

SCENE 14 お礼を言う② 応用

お礼のフレーズはさまざまなバリエーションを知っておくほうが便利です。ここでは応用的なフレーズを練習してみましょう。

☐ 1 昨日はいろいろと本当にありがとうございました。
　○ appreciate（感謝する；評価する）を使う

☐ 2 お気遣いいただきましてすみません。
　○ thoughtful
　　気遣いのできる

☐ 3 何だか借りができちゃいましたよ。[カジュアル]
　○ owe（借りがある）を使う

☐ 4 感謝してもしきれません。
　○ be indebted to 〜
　　（〜に借りがある）を使う

☐ 5 本当に感謝の気持ちでいっぱいです。
　○ gratitude
　　感謝の気持ち

☐ 6 （このたびの成功は）本当にあなたのおかげです。
　○ deserve（〜に値する）を使う

☐ 7 ご親切にありがとうございます。でもどうぞお気遣いなく。
　○ trouble yourself
　　気遣う；やきもきする

☐ 8 助けていただき心から感謝いたします。
　○ grateful
　　ありがたく思う；恩を感じる

☐ 9 素晴しい仲間と仕事ができたことは私にとって大きな喜びでした。
　○ a great pleasure
　　大きな喜び

第1章 ベーシック会話編

ビジネス英会話のカギ

フレーズ5のgratitude（感謝の気持ち）は、他にスピーチなどでI'd like to extend my deep gratitude to our team.（我々のチームに深く感謝します）のように使う重要単語。creditは「信用」のほか、ビジネスではフレーズ6のように、「功績；名誉」の意味でも使います。

CD1 15

1. **I appreciate everything you did yesterday.**
   - It was my pleasure.（とんでもないですよ）と過去形で応答しよう。

2. **It was really thoughtful of you.**

TOEIC
3. **I think I owe you one.**
   - I owe you oneで「あなたに借りがある」という定番フレーズ。

4. **I'm deeply indebted to you.**
   - indebtedは直訳で「借金している」の意味で、やはり感謝を表すフレーズ。

TOEIC
5. **My deepest gratitude.**
   - このフレーズのまま覚えて使いたい。

TOEIC
6. **You deserve all the credit.**
   - creditは「功績；賞賛」の意味。

7. **It's very kind of you, but please don't trouble yourself.**

TOEIC
8. **I'm so grateful for your support.**
   - 「助けていただき」はfor your supportで表せる。

9. **I just wanted to say that it's been a great pleasure working with such wonderful people.**

SCENE 15 お詫びする

ビジネスでお礼とともに大切なのがお詫びです。謝るときには、適切な言葉を選ぶことが大切です。定番フレーズを覚えておきましょう。

- [ ] 1 ご迷惑[ご面倒]をおかけしてすみません。 ○ inconvenience 不都合；迷惑

- [ ] 2 本当にすみません。 ○ owe（借りがある）を使う

- [ ] 3 すみません、うっかり忘れていました。 ○ slip one's mind うっかり忘れる；ど忘れする

- [ ] 4 本当に悪気はなかったのです。 ○ unintentional 故意ではない

- [ ] 5 うまく行かなくてすみませんでした。 ○ work out うまく行く

- [ ] 6 このたびはご迷惑[ご面倒]をおかけして誠に申し訳ございません。 ○ apologize for 〜 〜を申し訳なく思う

- [ ] 7 何てことないですよ。 ○ nothingを使う

- [ ] 8 大丈夫ですよ。[気にしないで] ○ Noで始める

- [ ] 9 次はしっかり確認してくださいね。 ○ double-check しっかり[入念に]確認する

第1章 ベーシック会話編

ビジネス英会話のカギ

深く詫びる状況では、I'm sorry for ～よりI apologize for ～を使う方が、反省の気持ちがよりストレートに伝わります。inconvenience（不都合；迷惑）は謝罪やクレームの際の重要単語。フレーズ1はそのまま覚えておきましょう。

CD1 16

TOEIC
1. **I'm sorry for the inconvenience.**
   ❶ 定番フレーズ。

TOEIC
2. **I owe you an apology.**
   ❶ oweはお礼だけでなくお詫びにも使える便利な動詞。

TOEIC
3. **I'm sorry. It just slipped my mind.**

4. **It was completely unintentional.**
   ❶ No offence.でもOK。「本当に」はcompletely（完全に；全く）を使う。

TOEIC
5. **I'm sorry it didn't work out.**

TOEIC
6. **I apologize for all the trouble I've caused you.**
   ❶ またはPlease accept my deepest apologies for the inconvenience.とも言える。

7. **It's nothing, really.**
   ❶ 定番フレーズ。

8. **No problem!**
   ❶ Don't worry!でもOK。

TOEIC
9. **Make sure you double-check next time.**
   ❶ double-check（念入りにチェックする）。

SCENE 16 なぐさめる・励ます

失敗したり、落ち込んだりしている相手をなぐさめるには定番フレーズが活躍します。いくつかのバリエーションを言えるようにしておきましょう。

□ 1 そんなのたいしたことないですよ。
　　○ no big deal
　　たいしたことはない

□ 2 あまり自分を責めないでください。
　　○ be too hard on ～
　　～を責める；～につらく当たる

□ 3 誰もあなたのせいだとは思っていませんよ。
　　○ blame you
　　あなたのせいにする

□ 4 あなたの気持ちはよく分かります。
　　○ go through（経験する）を使う

□ 5 私も同じようなことを経験しましたので。
　　○ have been there
　　そこにいたことがある→経験がある

□ 6 こんなことはよくあることですよ。
　　○ happen all the time
　　よくある

□ 7 そんなことに負けないで！
　　○ get you down
　　元気をなくさせる

□ 8 お父様のこと、本当にお気の毒です。大変つらかったことでしょう。
　　○ tough time
　　つらい時期

□ 9 私にできることがあれば何でも言ってください。
　　○ I'm always here を使う

第1章 ベーシック会話編

ビジネス英会話のカギ

Because I've been there before.（私も同じことを経験しましたので）は相手の立場を理解してなぐさめる重要フレーズ。No big deal.（大したことはない）、It's been a tough time.（つらい時期でしょう）で思いやりの気持ちが伝わります。どのフレーズもこのままで使えるようにしましょう。

TOEIC　　　　　　　　　　　　　　　　　　　　　　　　　　CD1 17

1　It was no big deal.

2　Don't be too hard on yourself.
   ❶ 直訳は「自分に厳しすぎないで」。

TOEIC

3　No one is blaming you in any way.

TOEIC

4　I know what you're going through.
   ❶ 直訳は「あなたが経験していることは分かります」。

5　Because I've been there before.
   ❶ 定番フレーズ。フレーズ4に続けて言おう。

6　These things happen all the time, you know.
   ❶ you know を付け加えることで親近感が増す。

7　Don't let it get you down!
   ❶ 定番フレーズ。

8　I'm really sorry about your father. I know it's been a tough time.
   ❶ 相手の親族・配偶者が亡くなったときに使う。

9　I'm always here if you ever need me.
   ❶「いつもここにいる」→「いつでも手助けできる」という意味。

SCENE 17 誘う

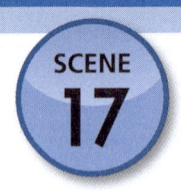

人を誘うときには定番フレーズがそのまま使えます。相手の誘いを受ける・断るフレーズも一緒にマスターしておきましょう。

□ 1　今晩夕食などご一緒にいかがですか。　　○ Why don't we ～?
　　　　　　　　　　　　　　　　　　　　　　～はいかがですか

□ 2　後で飲みに行きませんか。　　　　　　　○ Would you like to ～?
　　　　　　　　　　　　　　　　　　　　　　～しませんか

□ 3　今週の水曜日は空けておいてもらえますか。　○ Could you ～?
　　　　　　　　　　　　　　　　　　　　　　～してもらえますか

□ 4　いいですよ、もちろん。　　　　　　　　○ Sureで始める

□ 5　もちろん、喜んで。　　　　　　　　　　○ loveを使う

□ 6　了解です。では都合をつけます。　　　　○ arrange
　　　　　　　　　　　　　　　　　　　　　　都合をつける

□ 7　ありがとうございます。でも先約がありますので。　○ be booked
　　　　　　　　　　　　　　　　　　　　　　予定がある

□ 8　また別の機会にお願いします。　　　　　○ other timeを使う

□ 9　行けたら(そうできたら)いいのですが、今回は無理です。　○ I wish I could, but ～
　　　　　　　　　　　　　　　　　　　　　　で始める

第1章 ベーシック会話編

ビジネス英会話のカギ

誘うときの定番フレーズにはWhy don't we ～?、Would you like to ～?、How about ～?があります。断る際のレスポンスでI have an appointment.がありますが、これは仕事やフォーマルなスケジュール（病院の予約など）がある場合に使います。友人との約束には使わないので注意。

CD1 18

TOEIC
1. **Why don't we** get together for dinner tonight?
   - ❶ get togetherは「会う；集まる」という意味。

TOEIC
2. **Would you like to** join me for a drink later?
   - ❶「飲みに行く」はjoin me for a drinkでOK。

3. **Could you** leave this Wednesday open?
   - ❶ leave ～ openで「～を空けておく」を表せる。

4. **Sure**, why not?
   - ❶ Why not?は「もちろんです」の意味。

TOEIC
5. Of course. **I'd love to!**
   - ❶ I'd love to!は決まり文句。

TOEIC
6. All right. I'll **arrange** my schedule.

TOEIC
7. Oh, thank you, but I'm already **booked**.
   - ❶ 他にI already have plans.とも言える。

8. **Maybe some other time.**
   - ❶ このまま覚えて使おう。

9. **I wish I could, but** I have to pass this time.
   - ❶ passは「パスする；やめておく」の意味で使える。

SCENE 18 アドバイスをする

人にアドバイスをするときは、押しつけがましく聞こえないようにすることが大切です。アドバイスを求めるときは具体的に要点を伝えましょう。

- [ ] 1　少し時間はありませんか。
  - **spare** 時間を割く

- [ ] 2　アドバイスをいただけたらと思いまして。
  - **ask your advice** アドバイスをいただく

- [ ] 3　予算の問題の有効な解決策が思いつかなくて。
  - **come up with ~** ~を思いつく；~の考えが浮かぶ

- [ ] 4　実際、その２つのどちらにしようか決めかねています。
  - **vacillate** 迷う；決めかねる

- [ ] 5　何を優先すべきかをきちんと把握することが大切だと思います。
  - **priority** 優先事項

- [ ] 6　私だったら「そんなに期待しないほうがいい」と言うでしょうね。
  - **If I were you** 私だったら

- [ ] 7　取りあえず、しばらくはそうするのが賢明だと思います。
  - **the smartest thing** 一番賢明なこと

- [ ] 8　そこまで深読みしないほうがいいですよ。
  - **Maybe you should not ~** ~しないほうがいい

- [ ] 9　個人的に責めたのではないですよ。部長はあなたのことを思ってくれているのです。
  - **have one's best interests at heart** ~のためを思っている

第1章 ベーシック会話編

ビジネス英会話のカギ

人にアドバイスをするときはIf I were you, 〜（あなたの立場だったら〜）、Maybe you should 〜（〜してみるのもいいかも）など、相手の立場に立った表現で対応しましょう。自分が困っているときにはI can't come up with 〜（〜が思いつかない・考えが出ない）、vicillate（迷う）などを使ってみましょう。

CD1 19

TOEIC

1. **Could you spare me a few moments?**
   ❶ 他にDo you have a moment? もOK。

2. **I'd like to ask your advice about something.**
   ❶ Can I pick your brain?（ちょっとお知恵を拝借できますか）はカジュアルで英語圏ネイティブ向き。

TOEIC

3. **I can't come up with a viable solution to the budget issue.**
   ❶ viableは「実現可能な」の意。I'm running low on ideas.（アイデアが出ない）という言い方も。

4. **Actually I'm vacillating between the two.**
   ❶ I'm wavering between A and B.（AかBかで迷っています）とも言える。

TOEIC

5. **I think it's important to get your priorities straight.**
   ❶ get 〜 straightで「〜をきちんと理解する・はっきりさせる」。

6. **If I were you, I'd say, "Well, don't get your hopes up high."**
   ❶ get your hopes up highは「期待しすぎる；高望みする」を表す重要フレーズ。

7. **I think that's the smartest thing you can do for the time being.**
   ❶「しばらくは」はfor the time beingで表す。

8. **Maybe you should not read too much into it.**
   ❶ read into 〜で「〜を深読みする」の意味。

9. **Don't take it personally. The manager has your best interests at heart.**

SCENE 19 気分・調子について話す

仕事はうまくいくときもそうでないときもあります。オフィスにも喜怒哀楽は付きものです。そんな思いを仕事仲間に伝える表現を練習しましょう。

- [ ] 1 よし！ 今日は仕事がかなりはかどった。
  - **progress** 進捗；進み具合

- [ ] 2 企画が通って最高です！
  - **go through** （企画などが）通る

- [ ] 3 まだ疲れがとれていません。
  - **run down** 疲れた

- [ ] 4 精神的にかなりきついです。
  - **exhausted** きつい；参っている

- [ ] 5 今日は最悪の気分です。
  - **awful** 最悪の；ひどい

- [ ] 6 プレゼンが迫っていて何だか落ち着きません。
  - **uneasy** （不安で）落ち着かない

- [ ] 7 今朝は頭がちゃんと働いていません。
  - **function** 機能する

- [ ] 8 肉体的にヘトヘトになった一日でしたよ。
  - **draining** 疲れさせる；弱らせる

- [ ] 9 部長に叱られてしまった。すごく恥ずかしかった。
  - **humiliating** 恥ずかしい

ビジネス英会話のカギ

「叱る」は職場ではtell offやreprimandを使い、scoldは主に家庭内で用いることに注意しましょう。It was humiliating.は「(そのことが) 恥ずかしかった」の意味で、「自分が恥ずかしい思いをした」と自分を主体にしたいときには、I was humiliated.と表現します。

CD1 20

1. I feel great! I made a lot of progress today.
❶ I got a lot done today!（今日はたくさん仕事をこなした）も覚えておきたい。

TOEIC
2. I can't be happier! My proposal went through!
❶ I got my proposal approved.も「企画が通った（認められた）」の意味で使える。

3. I still feel run down.
❶ I still feel worn out.でもOK。

TOEIC
4. I'm mentally exhausted.
❶「精神的に」はmentallyを使おう。

5. I feel awful today.
❶「もう最低だ」はI feel the lowest of the low.（一番低い所にいると感じる）とも言える。

TOEIC
6. I feel uneasy about the upcoming presentation.
❶ 他にfeel restless（気分がそわそわする）でもOK。upcomingは「間近の」という意味。

7. My brain isn't functioning well this morning.
❶「頭」はbrainで表現すればいい。

8. It was a physically draining day.
❶ It drained all my energy.なら「おかげで全エネルギーを吸い取られましたよ」。

9. I was told off by my manager. It was humiliating.
❶「叱る」はreprimandもよく使われる。

SCENE 20 体調について話す

ビジネスの基本は何と言っても健康です。体調が思わしくないときは、正確に上司や会社に伝えることが大切です。I have ～で病状を表せます。

☐ 1　最近体調があまり良くなくて。
　　○ out of shape
　　調子が悪い

☐ 2　お腹(胃)の調子が悪くて。
　　○ upset stomach
　　調子の悪い胃

☐ 3　胃がキリキリと痛みます。
　　○ sharp pain
　　突き刺さるような痛み

☐ 4　風邪を引きかけているようです。
　　○ come down with ～
　　～(病気)にかかる

☐ 5　咳がしつこく長引いています。
　　○ persistent
　　しつこい；長引いてやっかいな

☐ 6　眼がかなり疲れています。
　　○ strained
　　(筋肉などが)張りつめた

☐ 7　頭がズキズキと痛いです。
　　○ throbbing
　　ズキズキする

☐ 8　体中が痛いです。
　　[久しぶりに運動した翌日など]
　　○ ache
　　痛む

☐ 9　肩こりがずっとひどくて。
　　○ chronic
　　慢性の

第1章 ベーシック会話編

ビジネス英会話のカギ

「風邪が治った」は、I have got over my cold.、My cold has passed.、I'm over my cold. などで表現できます。覚えておきましょう。フレーズ1の「体調が悪い」は I feel under the weather. も使いこなしたい定番フレーズ。

CD1 21

TOEIC

1 I'm out of shape these days.
　❶「調子がいい」は I'm in good shape. と表現する。

2 I have an upset stomach.

3 I have a sharp pain in my stomach.

TOEIC

4 I feel like I'm coming down with a cold.
　❶「昨夜熱が出た」なら I came down with a fever last night. と言える。

TOEIC

5 I have a persistent cough.
　❶ I can't seem to shake it. で「なかなか治らなくて」と言える。shake は「治す；取り除く」の意。

6 My eyes feel strained.
　❶「時々は目を休めなくては」と言うなら I have to rest my eyes from time to time.

7 I have a throbbing headache.
　❶ My headache is killing me! で「ひどい頭痛で死にそう！」と言える。

8 My body aches all over.
　❶「体中」は all over と表現できる。「右膝が痛い」なら My right knee hurts. で OK。

TOEIC

9 I have a chronic shoulder pain.
　❶「急性の」は acute。

心を揺さぶる
ビジネス名言 ❶

Your time is limited,
so don't waste it
living someone else's life.

by Steve Jobs

「時間には限りがある。だから、誰かの人生を生きることで浪費してはならない」

スティーブ・ジョブズ

第2章

社内会話編

社内で交わす会話にはさまざまなものがあります。仕事の依頼、報告・連絡から、会議、人事、社内行事まで、よく使うお決まりフレーズを中心に練習しましょう。

● SCENE 21 （CD-1 Track 22）
　▼
● SCENE 48 （CD-1 Track 49）

SCENE 21 依頼する

仕事を人にお願いするときは丁寧な表現が基本です。丁寧さにもバリエーションがあるので、いくつかの言い方を知っておきましょう。

- [ ] 1　ちょっとお願いがあるのですが。
  - ask ~ a favor
    ~にお願いする

- [ ] 2　すみませんが、会議資料を用意してもらえないでしょうか。
  - I hate to ask, but ~
    頼みにくいのですが~

- [ ] 3　すみませんが、こちらを金曜日までに仕上げてもらえますか。
  - Sorry to bother you, but ~
    すみませんが~

- [ ] 4　出張の手配をしてもらえないでしょうか。
  - Could I ask you to ~ ?
    ~を頼んでもいいでしょうか

- [ ] 5　出られる前にこの書類に目を通してもらえると非常にありがたいのですが。
  - I'd really appreciate it if you could ~
    ~してもらえると大変ありがたい

- [ ] 6　細かい所をもう一度見てもらえると非常にありがたいのですが。
  - I was wondering if ~
    ~していただけると非常にありがたい

- [ ] 7　もしご面倒でなければ、手伝っていただけないでしょうか。
  - If it's not too much trouble
    もしご面倒でなければ

- [ ] 8　検査日程を組んでもらってもよろしいですか。
  - Would you mind ~ ?
    ~することがお嫌ですか

- [ ] 9　ランチのときに連絡をいただけますでしょうか。
  - Would it be possible to ~
    ~していただけますか

第2章 社内会話編

ビジネス英会話のカギ

仕事を依頼するときは基本的にCould you ～?で始めます。Can you ～?はごく親しい同僚の場合にとどめます。上司に対してや、もっと丁寧に頼みたい場合にはI'd really appreciate it if you could ～やI was wondering if you could ～などのフレーズをTPOに合わせて使い分けましょう。

CD1 22

1. **Could I ask you a favor?**
   - Could you do me a favor? もよく使われる。

2. **I hate to ask, but could you prepare the meeting materials for me?**
   - 「会議資料」はmeeting materials。

3. **Sorry to bother you, but would you get this done by Friday?**
   - 他にI hope I'm not bothering you, but ～というバリエーションも知っておきたい。

4. **Could I ask you to make travel arrangements?**
   - make travel arrangementsで「出張の手配をする」。

5. **I'd really appreciate it if you could look through these documents before you leave.**

6. **I was wondering if you could go over the details once again.**
   - 非常に丁寧な頼み方。I am wonderingと現在形で言うより過去形のほうが丁寧。

7. **If it's not too much trouble, would you mind helping me?**

8. **Would you mind working out the inspection schedule for me?**
   - 「検査日程」はinspection scheduleでOK。work outは「計画する」。

9. **Would it be possible to get back to me on your lunch break?**
   - get back toは「(折り返し)電話をする」。「ランチのときに」はon your lunch break。

SCENE 22 依頼を受ける

依頼を受けるときにも決まった言い方がありますが、ビジネスでは少し応用的なフレーズも知っておきたいですね。

□ 1 はい、喜んで。
　　　○ happy（喜んで）を使う

□ 2 いいですよ。何をさせていただきましょうか。
　　　○ would you like を使う

□ 3 了解です。すぐそちらにまいります。
　　　○ be right over
　　　　すぐそちらに行く

□ 4 了解です。すぐに取りかかります。
　　　○ get right on ～
　　　　～にすぐに取りかかる

□ 5 いいですよ、どういったことですか。
　　　○ may I help you を使う

□ 6 了解です。何でしょうか。
　　　○ need を使ってみよう

□ 7 いいですよ。あとは私がやっておきますよ。
　　　○ take care of ～
　　　　～をやっておく；～の面倒を見る

□ 8 はい、それは手配が可能です。
　　　○ arrange
　　　　手配する

□ 9 全力で頑張ります。
　　　○ all I've got（全力）を使う

ビジネス英会話のカギ

依頼を引き受ける場合はSure.やNo problem.が定番で、またはこの2つを並べて言ったりもします。What would you like me to do?(何をさせていただきましょうか)、How may I help you?(どういたしましょうか)、I'll take care of the rest.(あとは私がしておきますよ)などもよく使われます。

1 Sure, I'd be happy to.
❶ 他にSure, of course. でもOK。

2 Sure. What would you like me to do?

3 No problem. I'll be right over.

4 All right. I'll get right on it.
❶ I'll get to it right away. も使いこなしたい。

5 Sure, how may I help you?

6 No problem. What do you need?

7 No problem. I'll take care of the rest.
❶ the restで「あと」→「残りの仕事」の意味。

8 Sure, that can be arranged.

9 I'll give it all I've got.
❶ 直訳すると「持てるすべてを与えます」という意味のフレーズ。

SCENE 23 依頼を断る・保留する

相手の依頼を断ったり、保留にしたりしなければならないこともあります。状況に応じたフレーズを練習しましょう。丁寧な言い方をすることが大切です。

□ 1 あいにくできません。すみません。
　　○ I'm afraid ～
　　あいにく～

□ 2 そうしたいのですが、残念ながらできません。
　　○ I'd like to, but ～
　　そうしたいのですが～

□ 3 今、忙しくて手が離せません。
　　○ be tied up
　　手がいっぱいで；忙しくて

□ 4 そうしたいのはやまやまなのですが、今はお手伝いできません。
　　○ I wish I could, but ～
　　そうしたいのはやまやまですが～

□ 5 自分の仕事で手一杯です。すみません。
　　○ I've got too muchを使う

□ 6 お断りしなくてはならないです。
　　○ say no
　　お断りする

□ 7 今すぐですか。[待ってはもらえませんか]
　　○ waitを使う

□ 8 しばらく考えさせてもらってもいいですか。
　　○ sleep on (it)
　　少し時間をかけて考える

□ 9 もう少し考えたいので時間が欲しいです。
　　○ think over
　　よく考える

第2章 社内会話編

ビジネス英会話のカギ

依頼を断るときは、必ず始めにI'm afraidやI wish I could, but 〜などの前置きでぶっきらぼうな印象を与えないようにしましょう。フレーズ8と9は、相手の提案事項について、しばらく保留にして考えたいときに用います。「よく考える」はsleep onやthink overなどの動詞句を使います。

CD1 24

TOEIC
1　I'm afraid I can't. Sorry.

TOEIC
2　Oh, I'd like to, but I can't.

TOEIC
3　I'm all tied up at the moment.
　❶ My hands are tied right now. もよく使う。

4　Oh, I wish I could, but I can't help you right now.

5　Oh, I've got too much to do myself. Sorry.

TOEIC
6　I'm going to have to say no.
　❶ どうしても断らざるをえないときに。

TOEIC
7　Can't it wait?
　❶ シンプルだが、よく使うお役立ちフレーズ。

8　Could you let me sleep on it?

9　I need some time to think it over.

SCENE 24 仕事の指示をする

仕事の指示をするときも、丁寧な言い方が基本です。規則などで決まっていることを示すときには別の言い方があります。

□ 1	売上数字を水曜日までに報告してください。	○ I'd like you to 〜 〜してください
□ 2	必ず文書でもらうようにしてください。	○ Make sure 〜 〜してください
□ 3	契約書の各ページにサインをしてください。	○ You need to 〜 〜してください
□ 4	経費報告書は毎月10日までに提出しなければなりません。	○ You're required to 〜 〜しなければなりません
□ 5	支店長が来る前にこれらファイルを片づけましょう。	○ Let's 〜 〜しましょう
□ 6	できれば今すぐしてほしいのですが。	○ I prefer 〜 〜してほしい
□ 7	急ぎませんよ。まだ時間的に大丈夫です。	○ take your time 時間の余裕がある
□ 8	私の言っていること、分かりますよね？ ［指示など］	○ make 〜 clearを使ってみよう
□ 9	どれだけコストがかかるのか簡単な数字だけでも出してもらえますか。	○ Can I ask you to 〜? 〜してもらえますか

第2章 社内会話編

ビジネス英会話のカギ

仕事を指示するときは、I'd like you to ～、You need to ～、Can I ask you to ～? などのフレーズを使います。また、会社の規則などで決まっている責任や義務を伴う場合はYou're required to ～（[あなたは] ～しなければなりません[義務があります]）を用います。

---

1 I'd like you to give me the report on the sales figures by Wednesday.

2 Make sure you get it in writing.
❶「文書で」はin writingと言う。

3 You need to sign each page of the contract.
❶「サインする」はsignで、名詞の「サイン」はsignatureと言う。

4 You're required to submit the expense report by the 10th of each month.　❶「提出する」は他にhand inやturn inが重要。

5 Let's put away these files before the branch manager comes in.
❶「整理する；片付ける」はput awayを使う。

6 I prefer you do it now.

7 There's no hurry. You can take your time.

8 Am I making myself clear?
❶ 相手が理解しているかどうかを確認する際の定番フレーズ。

9 Can I ask you to give me a ballpark figure on how much it will cost?　❶「概算」はballpark figureと言う。

SCENE 25 ヘルプする

人が仕事で困っているときに支援を申し出るフレーズです。応答表現と一緒に練習しましょう。

□ 1　何かお手伝いしましょうか。
　　○ Would you like ～?
　　　～しましょうか

□ 2　お手伝いしましょう。
　　○ Let me ～
　　　～しましょう

□ 3　私で何かお力になれることはありませんか。
　　○ Is there ～?
　　　～はありませんか

□ 4　代わりに出張の手配をいたしましょうか。
　　○ Would you like me to ～?
　　　代わりに～しましょうか

□ 5　私にできることがあれば、ご遠慮なくどうぞ。
　　○ Feel free to ～
　　　遠慮なく～してください

□ 6　バイク便で出しておきましょうか。
　　○ Should I ～?
　　　～しましょうか

□ 7　あとは私がやっておきますよ。
　　○ handle を使う

□ 8　ありがとうございます、非常に助かります。
　　○ helpful を使う

□ 9　まあ、ありがとうございます。でも一人で何とかなりそうです。
　　○ manage
　　　何とかやり遂げる

ビジネス英会話のカギ

ヘルプを申し出るときはWould you like me to ～?が定番です。Let me ～やFeel free to ～もバリエーションとして使っていきましょう。Should I ～? は丁寧な提案のフレーズになります。arrangementはhotel arrangements（宿泊の手配）、final arrangements（最終調整）などのフレーズでよく使われます。

CD1 26

1 Would you like some help?
❶ Do you need a hand? もよく使われる。

TOEIC
2 Let me give you a hand.
❶ give ～ a handで「～を手伝う」という頻出表現。

3 Is there some way I can help you?
❶ 定番フレーズなのでこのまま覚えたい。

TOEIC
4 Would you like me to make the travel arrangements for you?
❶ Do you like me to ～? でもOK。travel arrangementsは「出張手配」。

5 Feel free to let me know if there's anything I can do for you.

6 Should I send it by bike express?
❶「バイク便」はbike express。

TOEIC
7 I can handle the rest.
❶ the restで「残りのもの・仕事」を表す。

8 Thanks, you're very helpful.
❶ helpful（役立つ；助けになる）

TOEIC
9 Oh, thanks. But, I can manage.
❶ I can take care of it myself. も使いこなしたい。

SCENE 26 進行状況を確認する

仕事の進行状況を聞くフレーズは簡単なものでOKです。come alongやdueなどのお決まりの表現を覚えておきましょう。

- □ 1 昨日はどうでしたか。 ▷ goを使う

- □ 2 営業プロモーションの進み具合はどうですか。 ▷ come along （順調に）進む

- □ 3 締め切りはいつですか。 ▷ due 締め切り期限の

- □ 4 我々はどれくらいの時間をこの作業に割り当てますか。 ▷ allow 割り当てる

- □ 5 安全許可が下りるまでどのくらいかかりますか。 ▷ takeを使う

- □ 6 その日取りと会場は決定ですか。 ▷ finalize 仕上げる；まとめる

- □ 7 いつ修理が終わりますか。 ▷ fix 修理する；直す

- □ 8 営業レポートはあとどれくらいかかりますか。[どこまで進んでいますか] ▷ How far along 〜 ? 〜はあとどれくらいですか

- □ 9 新しい広告はいつ（ネットに）アップされるのですか。 ▷ be online ネットにアップされる

第2章 社内会話編

ビジネス英会話のカギ

仕事の進み具合を確認するにはHow's 〜 coming along?（How's 〜 ?だけでも）を使います。段取りについて聞くときにはdue（締め切りの）やallow（[時間を]割り当てる）、finalize（最終決定する；仕上げる）など常用表現を覚えておきましょう。

CD1 27

1 How did it go yesterday?

TOEIC
2 How's the sales promotion coming along?

TOEIC
3 When is it due?
❶ 他にWhen is the due date?やWhen is the deadline?もOK。

TOEIC
4 How much time do we allow for this work?
❶ What's the time frame for this work?も覚えておこう。time frameは「時間枠；期限」。

TOEIC
5 How long will it take to get the safety approval?
❶ safety approval（安全許可）

TOEIC
6 Are the date and the venue finalized?
❶ venue（会場；開催場所）はTOEICでも必須。finalize the detailsなら「詳細を煮詰める」。

7 When will it be fixed?
❶ fixはrepairやmendの代わりに口語でよく使われる。

8 How far along is your sales report?
❶ 返事はI'm almost done.（ほとんど終わりです）、I'm half way through.（半分は終わりました）など。

9 When is the new ad going to be online?

SCENE 27 進行状況を伝える

進行状況を聞かれたときのレスポンスに使うフレーズを集めました。現状がどうなのかを簡潔に伝えるのがポイントです。

□ 1 調子良く進んでいます。
○ without a hitch
滞りなく

□ 2 今のところはいい感じです。
○ so を使う

□ 3 予定通りに進んでいます。
○ right on schedule
予定通りに

□ 4 徐々にいい方向に向いてきています。
○ look up
いい方向に向かう

□ 5 思ったより良くありません。
○ expected（思った＝期待していた）を使う

□ 6 今はとにかくやれるだけのことをやっています。
○ give it our best shot
やれるだけのことをする

□ 7 まだ何とも言えない状況です。
○ see を使う

□ 8 予定より1週間遅れています。
○ behind schedule
スケジュールより遅れている

□ 9 うまくいかないような雰囲気です。
○ not going to work out
うまくいかなそうな；だめそうな

ビジネス英会話のカギ

仕事の進み具合は、ポジティブ・ネガティブ、まだ先が見えない、徐々に良くなってきたなど、さまざまな状況があります。ここで紹介しているscheduleを使ったフレーズをはじめ、So far, so good.（いまのところ順調です）、It remains to be seen.（まだ何とも言えない）は定番なので覚えておきましょう。

1　It's going without a hitch.
❶ hitchは「遅れ；障害」。他にIt's running smoothly.やThings are going just fine.と言える。

2　So far, so good.
❶ 定番中の定番。

3　It's right on schedule.

4　Things are looking up.
❶ Things are picking up.でも使う。

5　It's not as good as we expected.

6　We're now giving it our best shot.
❶ 直訳すれば「最高の試みを与えています」。

7　It remains to be seen.
❶ 先のことが「見えない」ときに使う定番フレーズ。

8　We're one week behind schedule.
❶ ahead of scheduleで「スケジュールより進んでいる」。

9　It looks like things are not going to work out.

SCENE 28 仕事の状況を説明する

「軌道に乗る」、「初期段階」、「大まかな合意」、「フル稼働」、「行き詰まっている」など言えそうですぐ言えないものを中心に集めています。

□ 1 やっと軌道に乗ってきました。
- take off
  軌道に乗る

□ 2 まだまだ初期段階です。
- initial
  初期の

□ 3 大まかな合意は得られたと思います。
- general understanding
  大まかな合意

□ 4 完了日を延ばす必要があります。
- completion date
  完了日

□ 5 工場は現在フル稼働しております。
- at one's full capacity
  全力で；フル稼働で

□ 6 今回は本当にギリギリ間に合いましたよ。
- cut it close
  ギリギリ間に合う

□ 7 交渉は行き詰まっています。
- bog down
  行き詰まる；動きがとれない

□ 8 かれこれ1カ月間生産ラインがストップしています。
- hold up
  引き止める；遅らせる

□ 9 我々の方が明らかに優位に立っています。
- upper hand
  優位

ビジネス英会話のカギ

フレーズ7の「交渉が行き詰まる」は他にThe negotiations are now mired in details.も応用フレーズとして覚えておきましょう。mireは「ぬかるみ・苦境に陥る」、in detailsは「細部に至るまで」の意味です。

TOEIC
1. It has really taken off recently.
❶ It's taking off now.もよく使われる。

2. It's still in the initial stage.
❶「段階」にはstageやphaseを使う。

3. I think that we have reached a general understanding.

TOEIC
4. We need to push back the completion date.
❶「(締め切りなどを) 延ばす」はpush backを使う。

5. The factory is operating at its full capacity right now.
❶「稼働する」はoperateを使う。

6. I've really cut it close this time.
❶ I made it at the last minute.(ギリギリ最後に間に合った) も覚えておきたい。

7. The negotiations have bogged down.

8. Our production line has been held up for about a month.
❶「かれこれ」は簡単にaboutで表現できる。

9. We definitely have the upper hand.
❶ have an upper handで「優位に立つ」。definitely (明らかに)。

SCENE 29 社内会話のお決まりフレーズ

社内で同僚や上司・部下との会話ではお決まりフレーズが役立ちます。肝心のときに気の利いたフレーズを使えば、相手の気持ちもつかめます。

□ 1	データは揃ってはいません。	○ incomplete 完全でない
□ 2	ダメもとで聞いてみましょう。	○ hurt（傷つける）を使う
□ 3	一度コツをつかんだら、あとはもっと(作業が)楽になりますよ。	○ get the hang of it コツをつかむ；扱い方に慣れる
□ 4	まだまだ先のことではありますが、今から準備してもいいと思います。	○ be still a long way off まだ先のことだ
□ 5	もしそうなったら、そうなったときに考えましょう。	○ cross that bridge（[そうなったら]そうする）を使う
□ 6	原田さんはパソコンにかなり詳しいです。	○ know about ～ inside out ～に詳しい
□ 7	さっきの話の続きをしましょうか。	○ pick up （会話を）再び始める
□ 8	このことはかなり前から考えているのです。	○ kick around the idea 考えをめぐらす；検討する
□ 9	あなたなら絶対うまくやれますよ。	○ pull it off やり遂げる

ビジネス英会話のカギ

「まだ先のこと」→ It's still a long way off. /「コツをつかむ」→ get the hang of it など、とっさに出てこないフレーズを覚えておきましょう。pull off は「(困難な状況で) うまくやる・成功させる」で、pull off the task (仕事をやり遂げる)、How did you pull that off? (どうやってそんなことができたの?) のように使います。

TOEIC

1. **The data are incomplete.**
   ❶ data は複数扱いですが、最近は is (単数) で受けることも増えている。

2. **It never hurts just to ask.**
   ❶ It wouldn't hurt just to try. (ダメもとでやってみましょう) も覚えておこう。

3. **It should be much easier once you get the hang of it.**
   ❶ once は「ひとたび~したら」を表す接続詞。

TOEIC

4. **It's still a long way off, but I think you can make the preparation from now.**

5. **Let's cross that bridge when we come to it.**
   ❶ このまま覚えておくと、気の利いた表現として使える。

6. **Mr. Harada knows about computers inside out.**
   ❶ I don't know the first thing about this machine. (この機械はチンプンカンプンだ)。

7. **Let's pick up where we left off.**
   ❶ 直訳は「中断したところから始めましょう」。leave off は「やめる;中止する」。

8. **I've been kicking around this idea for quite some time now.**
   ❶「かなり前から」は for quite some time now で表す。

9. **You can pull it off.**
   ❶ pull off は「うまくやり遂げる」を表す動詞句。

SCENE 30 報告・連絡する

仕事のコミュニケーションの基本は報告と連絡です。情報をきちんと伝えるのに役立つ表現の枠組みを身につけましょう。

☐ 1　ロサンゼルスの関連会社から、まだ未確認ですが情報が入りました。
- heads-up
  未確認の情報

☐ 2　また何か分かったら知らせてください。
- keep me posted
  連絡をお願いします（知らせてください）

☐ 3　最新情報ではSSG社が大手検索エンジン（会社）と提携したそうです。
- The latest is that ～
  で始める

☐ 4　取締役会が我々の提案を承認しました。
- approve
  承認する

☐ 5　現在の状況は全スタッフに伝えなくてはなりません。
- communicate
  伝える

☐ 6　変更点に関しては後で教えてもらえますか。
- fill me in on ～
  私に～を知らせる

☐ 7　そのことはまだ正式には発表されていません。
- announce
  （正式に）発表する

☐ 8　お取り寄せ商品が入荷しましたらすぐにお知らせします。
- notify
  正式に知らせる

☐ 9　もっと早い段階で連絡せずにすみませんでした。
- contact
  連絡する

第2章　社内会話編

ビジネス英会話のカギ

フレーズ5のcommunicate（知らせる；伝える）は他にcommunicate the information（その情報を伝える）、communicate the fact that 〜（〜の事実を伝える）も重要。notifyは「正式に通知する」場合に使います。

CD1 31

1. I've just got a heads-up from our affiliate in L.A.
   ❶ affiliate（関連会社）。

TOEIC
2. Keep me posted whatever happens.
   ❶「何か分かったら」はwhatever happens（起こったことは何でも）と表現する。

3. The latest is that SSG Corporation has tied up with a major search engine.

TOEIC
4. The board of directors has approved our proposal.
   ❶「取締役会」はboard of directorsと言う。

TOEIC
5. We need to communicate the current situation to all staff.
   ❶ current situationで「現在の状況」。

6. Can you fill me in on the changes later?
   ❶ 他にLet me know about 〜やCan you inform me of 〜？もよく使う。

7. It has not been announced yet.

TOEIC
8. We'll notify you as soon as your back order comes in stock.
   ❶「取り寄せ商品」はback order、「入荷する」はcome in stockと言う。

9. I must apologize for not having contacted you earlier.

SCENE 31 クレームを伝える

クレームを伝えるときは、冷静に現状を説明することが大切です。正確に言うには、決まった表現をうまく使うことがポイントになります。

---

1. 受け取った注文品に問題があるようなのですが。
    - There seems to be
      〜があるようだ

2. 到着時に3つが壊れていました。
    - damaged
      壊れて

3. 配達された数が我々の注文と異なっているのですが。
    - correspond with 〜
      〜と一致する

4. 注文数は2箱不足しています。
    - short
      不足している

5. こちらの注文とは違うものが送られてきました。
    - what（関係代名詞）を使う

6. すぐに入荷する予定はありますか。
    - expect
      予定する

7. 一番早くていつ頃交換品は届きますか。
    - when is the earliest
      一番早くて

8. 損傷をご確認いただけるよう、写真を添付いたしました。
    - attach
      添付する

9. 合計額に間違いを見つけました。
    - come across
      見つける

第2章 社内会話編

● ビジネス英会話のカギ

There seems to be a problem [error] with ~（~に問題［間違い］があるようです）はクレームを伝える際の定番フレーズ。もっとはっきり言いたいときはseems to beをisにします。short（不足している）、damaged（壊れていた）、replacement（交換［品］）などクレームでよく使う単語を覚えましょう。

CD1 32

1. **There seems to be** a problem with the order we have received from you.

2. Three units were **damaged** on arrival.
   ❶「到着時に」はon arrivalと言う。

3. The quantity delivered here doesn't **correspond with** our order.
   ❶「数」はquantity。quality（品質）と一緒に覚えておこう。

4. Our order is two boxes **short**.

5. **What** we received was not **what** we ordered.
   ❶ what we orderedは単にour orderでもよい。

TOEIC
6. Are you **expecting** any to come in soon?
   ❶「入荷する」はcome inで表せる。

7. **When is the earliest** we can expect to receive the replacement?
   ❶ replacementは「交換（品）」の意味。

TOEIC
8. I've **attached** the photos which show the damage.
   ❶「写真」は、pictureは主に北米でのみ好まれており、グローバルにはphotoが一般的。

TOEIC
9. We **came across** an error in the total amount.
   ❶ error（間違い）の代わりにdiscrepancy（食い違い）もよく使われる。

77

SCENE 32 クレームに対応する

クレームに対応するときには、こちらの対処法を明確に示すことが大切です。
We'llで始めれば、しっかり対応する意志を伝えることができます。

☐ 1 そちらは今週中には入荷の予定です。
- We expect ~
  ~の予定である

☐ 2 不足分の商品はすぐにお送りいたします。
- missing
  不足している

☐ 3 破損商品に関しては当社の負担でお取り替えいたします。
- replace
  取り替える

☐ 4 残りの商品は現在配送中で、明日そちらに到着予定です。
- on their way
  配送中で；向かっている

☐ 5 もしかすると注文品は税関で足止めされているかもしれません。
- at customs
  税関で

☐ 6 この件は詳しく調べまして早急にご連絡いたします。
- look into ~
  ~を詳しく調べる

☐ 7 恐れ入りますが、お客様側の間違いだと思いますが。
- on your end
  そちら側の；お客様側の

☐ 8 すぐに正しい請求書を送付いたします。
- right away
  すぐに

☐ 9 欠陥商品を交換する代わりに商品を割引させていただくのは可能でしょうか。
- defective item
  欠陥商品

ビジネス英会話のカギ

相手のクレームに対応するときにはcome in（入荷する）のほか、ship（送る）、replace（交換する）、be held up（足止めをくう）などをよく使います。on your end（そちら側）、on our end（こちら側）なども会話の組み立てに役立ちます。

---

1 We expect it to come in by the end of the week.
❶ 期限を表すときはbyを使う。

2 We'll ship the missing items immediately.

3 We'll replace the damaged items at our cost.
❶ at our cost（当社の負担で）。他にat our expenseとも言える。

4 The rest of the products are on their way right now, and should reach you tomorrow.

5 Your order might have been held up at customs.
❶ hold upは「引き止める」の意味。

6 We'll look into this and get back to you as soon as possible.
❶「連絡する」はupdate you もよく使われる。

7 I'm afraid the mistake was on your end.
❶ I'm afraidで始めて、丁寧に言いたい。

8 We'll send you the correct invoice right away.
❶ 切迫した感じを出すにはimmediately（ただちに）を使うとよい。

9 Is it possible to give you a price reduction instead of the replacements for the defective items?

SCENE 33 支払いのクレーム

お金についてのやりとりはビジネスでは欠かせません。クレームを伝える・受ける双方のフレーズを練習しておきましょう。

☐ 1	お支払いは期限を20日過ぎています。	○ past due 期限を過ぎている
☐ 2	貴社のお支払い残高はまだ未払いとなっておりますが。	○ outstanding 未払いの状態である
☐ 3	こちらの記録では514ドルほどお支払いが不足しております。	○ Our record shows ～ こちらの記録では～
☐ 4	早急に差額をお支払いいただけますか。	○ remit 送金する
☐ 5	状況が分かり次第、早急に処理いたします。	○ take an immediate action 早急に処理する
☐ 6	経理担当者に確認いたします。	○ Let me confirm ～ ～を確認いたします
☐ 7	電信振込の証明書を添付しています。	○ wire transfer 電信振込
☐ 8	貴社の銀行口座へ8千ドルの振り込みを手配いたしました。	○ arrange a transfer 振り込み (送金) を手配する
☐ 9	すでに支払いがお済みの場合は、この案内は無視してください。	○ settle the payment 支払いを済ませる

ビジネス英会話のカギ

支払いについては決まった言い方がいくつもあります。「(支払い)期限が過ぎている」はpast dueやoverdueで表現します。その他にremit(送金する)や、underpay(支払いが不足する)、account balance(支払残高)、wire transfer(電信振込)などのマネー用語にも慣れておきましょう。

CD1 34

1. **Your payment is 20 days past due.**
   ❶ Your payment is overdue.(支払い期限が過ぎています)とoverdueも使いこなそう。

2. **I'm afraid that your account balance is still outstanding.**
   ❶ outstanding balanceで「未払い残高」の意味。

3. **Our record shows that you underpaid by $514.**
   ❶ underpayは「十分に支払わない」。「多く支払う」はoverpayと言う。

4. **Could you promptly remit the difference?**
   ❶「差額」はdifferenceで表す。promptly(早急に)。

5. **We'll take an immediate action as soon as we figure this out.**
   ❶ figure outは「把握する」を表す重要動詞句。

6. **Let me confirm this with the accountant.**
   ❶「会計・経理担当者」はaccountant。

7. **I've attached the proof of payment made by wire transfer.**
   ❶ wire transferはtelegraphic transfer (TT)とも言う。

8. **We have arranged a transfer of $8,000 to your account.**

9. **If you have already settled the payment, please disregard this notice.**   ❶ disregardは「注意を払わない;無視する」。

SCENE 34 パソコン・ネットを使う

パソコンや周辺機器を話題にするときはたいていトラブルがあるときです。そんなときのフレーズを中心に練習しておきましょう。

☐ 1	どうもノートパソコンの調子が悪いです。	○ **work**を使う
☐ 2	ICレコーダーがとうとう壊れてしまいました。	○ **give out** 壊れる；（力が）尽きる
☐ 3	このソフトはインストールにひどく時間がかかります。	○ **time-consuming** 時間がかかる
☐ 4	データは定期的にバックアップしておかないといけません。	○ **back up data** データをバックアップする
☐ 5	時々、パソコンの画面が真っ暗になります。	○ **go black** 真っ暗になる
☐ 6	このポップアップ広告を出ないようにするにはどうすればいいですか。	○ **pop-up ads** ポップアップ広告
☐ 7	ネットに接続できません。	○ **go online** ネットにつなぐ
☐ 8	ウソ、それはないでしょ！ またパソコンが固まってしまった！	○ **freeze** 固まる；フリーズする
☐ 9	動かなくなったアプリケーションをこんなふうに強制終了しなくちゃならないのが全くイヤになる。	○ **force-quit** 強制終了する

第2章　社内会話編

ビジネス英会話のカギ

パソコンなどの「調子が悪い」はnot work properly、「壊れる」はgive out、「固まる」はfreezeと表現します。パソコンを「再起動する」はreboot、「電源を切る」はshut down、「メールを転送する」はforward an e-mailです。これらはよく使うのでまとめて覚えてしまいましょう。

CD1 35

TOEIC

1. The laptop is not working properly.
❶ 他にThe laptop is acting up. もOK。act upは「正常に動かない」の意味。

2. The IC recorder finally gave out.
❶「とうとう」はfinallyを使う。

TOEIC

3. This software is very time-consuming to install.
❶「ソフト」は和製英語なので必ずsoftwareと言おう。

TOEIC

4. We have to back up our data on a regular basis.
❶「定期的に」はon a regular basisと言う。他にperiodicallyでもOK。

5. The computer screen goes black every now and then.
❶ every now and thenで「時々」を表す。

6. Can you show me how to block these pop-up ads?
❶「止める」はblockを使う。

7. I can't go online.
❶ The connection keeps dropping out.（接続がすぐ切れる）も覚えておこう。

8. Oh, no! Not again! The computer froze!
❶ 活用はfreeze-froze-frozen。

9. I hate how I need to force-quit the crashed application.
❶「動かない；固まった」にはfrozenも使える。

SCENE 35 オフィス用品を使う

コピー機をはじめ、オフィス用品を使いこなすフレーズを練習しましょう。決まった表現があるので、それらを組み込むのがポイントです。

□ 1　名刺がそろそろなくなってきました。
- be almost out of
  そろそろなくなる

□ 2　朱肉をお借りできますか。
- red ink-pad
  朱肉

□ 3　使い終わったら私の机に戻しておいてもらえますか。
- put ～ back
  ～を戻す

□ 4　1部ずつホチキスで留めていただけますか。
- staple
  ホチキスで綴じる

□ 5　これらのファイルを番号順に並べてください。
- in numerical order
  番号順に

□ 6　原稿は裏向きにセットしなくてはなりません。
- place
  セットする；置く

□ 7　拡大コピーしてもらえますか。
- make enlargements
  拡大コピーする

□ 8　それは後でシュレッダーにかけます。
- 「かける」はputを使う

□ 9　裏紙を使うとよく紙詰まりになってしまいます。
- paper jam
  紙詰まり

第2章 社内会話編

> **ビジネス英会話のカギ**
>
> コピーについては、書類の表向き（face up）や裏向き（face down）、拡大する（enlarge）、縮小する（reduce）という基本表現を覚えましょう。「オフィス用品を補充する」はreplenish office supplies、staple（ホチキスの針）は動詞（ホチキスで綴じる）としてもよく使います。

TOEIC　　　　　　　　　　　　　　　　　　　　　　　　　CD1 36

1 I'm almost out of business cards.
- I'm running out of business cards. も同じ意味で使う。

2 May I borrow your red ink-pad?

3 Can you put it back on my desk when you're done with it?
- 「使い終わったら」はwhen you're done with itと表現する。

4 Can you staple one set each?
- 「ホチキス」本体はstaplerと言う。

TOEIC

5 Please put these files in numerical order.
- alphabetical [ǽlfəbétikəl] order（アルファベット順）、chronological [krὰnəlάdʒikəl] order（年代順）。

6 You have to place the paper face down.
- face downで「裏向きにして；伏せて」を表す。

7 Can you make enlargements?
- 「縮小コピーする」はmake reductions。

8 I'll put them in the shredder later.
- shredder（シュレッダー）。動詞はshred（シュレッダーにかける）。

TOEIC

9 Using scrap paper usually results in paper jams.
- 他にget stuckでも「紙詰まりになる」を表せる。「裏紙＝捨てる紙」はscrap paper。

85

SCENE 36 休憩する

オフィスでは仕事をひと休みしてリフレッシュすることも大切です。そんなときのひと言フレーズを覚えておきましょう。

- ☐ **1** このあたりで一息入れましょう。
  - ◦ take a break
    一息つく

- ☐ **2** ではお昼に行ってきます。
  - ◦ go out to ~
    ~に出かける

- ☐ **3** ではちょっと出てきます。
  - ◦ step out
    ちょっと出かける；席を外す

- ☐ **4** ちょっと文房具店まで行ってきます。何か要りますか。
  - ◦ be off to ~
    ちょっと~に出かける

- ☐ **5** 昼休み中に用事を済ませるつもりです。
  - ◦ errands
    用事；お使い

- ☐ **6** コーヒーブレイクで元気が回復しました。
  - ◦ get one's second wind
    元気を取り戻す

- ☐ **7** 私の場合、カプチーノが元気の素です。
  - ◦ pick-me-up
    元気をくれるもの

- ☐ **8** 休憩はやめておきます。
  - ◦ skip
    とばす；やめておく

- ☐ **9** 私はこのまま仕事を続けます。調子を崩したくないので。
  - ◦ lose momentum
    勢いをなくす；失速する

第2章　社内会話編

ビジネス英会話のカギ

ブレイクタイムでは step out（ちょっと出る）、I'm off to ~（~に行く）、get my errands done（用事を済ませる）や、get my second wind（[一息入れて] 元気を取り戻す）などのフレーズでコミュニケーション力を高めましょう。

CD1 37

TOEIC

1 Let's take a break now.
❶「このあたりで」はnowの1語で表現できる。

2 I'm going out to lunch.

3 I'm going to step out for a minute.
❶ 定番フレーズなのでこのまま覚えよう。

4 I'm off to the stationery store. Would you like anything?
❶「文房具店」は stationery store。

TOEIC

5 I'm going to get my errands done during my lunch break.
❶ get ~ done で「~を済ませる・終わらせる」という表現。run errands（お使いに行く）。

6 I got my second wind after the coffee break.

7 As for me, cappuccino is a great pick-me-up.
❶「私の場合」は As for me で OK。

8 I think I'll skip my break.

9 I think I'll carry on my work because I don't want to lose my momentum. ❶ carry on ~ は「~を続行する」。

SCENE 37 残業する

仕事に追われる状況はよくあります。残業を中心に、たくさんの仕事をこなさなければならないときの会話フレーズを紹介します。

1. 今日は残業しないといけないのですか。
   - work overtime
     残業する

2. 残業がなければいいのだけれど。
   - put in extra hours
     残業する

3. 書類仕事がまだたくさんあります。
   - paperwork
     書類仕事；事務処理

4. まだまだ先は長いです。
   - a long way to go
     先が長い

5. 取りあえず終わらせてしまいたいです。
   - get it over with
     済ませる；終わらせる

6. 最悪の場合はまた徹夜ですよ。
   - stay up all night
     徹夜する

7. 10時頃には終われそうなのですか。
   - get off
     仕事を終える

8. 昨夜は帰宅するのに終電ギリギリでした。
   - make one's last train
     終電に間に合う

9. 残りの仕事は明日にします。
   - remaining work
     残りの仕事

第2章 社内会話編

ビジネス英会話のカギ

「残業する」はwork lateやwork overtime、put in extra hours [overtime]などで表します。また、get it over with（仕事を済ませる）、get off（仕事を終える）も応用フレーズとして重要。「徹夜する」はstay up all nightやpull all-nighterを使います。

CD1 38

TOEIC
1 Do you have to work overtime today?

TOEIC
2 I wish I didn't have to put in extra hours.
❶ I wish I didn't have to ～で「～しなくてもよければいいのに」を表す。

TOEIC
3 I still have lots of paperwork to do.

4 I still have a long way to go.

5 I'd like to get it over with.
❶ 定番フレーズ。このまま使えるようにしよう。

6 In the worst case scenario, I'll have to stay up all night again.
❶ pull another all-nighter（また徹夜する）でもOK。

7 Do you think you can get off around 10?

8 I barely made my last train getting back home last night.
❶「ギリギリ」はbarelyで表す。

9 I can do the remaining work tomorrow.
❶「残りの仕事」はrest of the workでもOK。

SCENE 38 会議を始める

会議の進行は難しいというイメージがありますが、意外に決まったフレーズを使って切り抜けられます。まず定番フレーズを覚えておくのがポイントです。

☐ 1	皆様、こんにちは。全員お揃いですね。	○ we're all here 全員が揃って
☐ 2	ではそろそろ始めましょうか。	○ get started スタートする；始める
☐ 3	もちろんです。ではどうぞ始めてください。	○ go ahead 進める；始める
☐ 4	私はこの会議の司会を務めさせていただく山崎進です。	○ chairperson 司会（者）
☐ 5	本日は議題がたくさんあります。	○ go through 話し合う；検討する
☐ 6	この会議の目的は新しい営業戦略を話し合うことです。	○ The purpose of the meeting is ～ 会議の目的は～
☐ 7	今日は流通ルートについて話し合います。	○ We're here today to discuss ～ 今日は～について話し合う
☐ 8	私はスミス氏に代わって出席させていただいております。	○ in place of ～ ～の代わりに；～の代理として
☐ 9	資料を配っていただけますか。	○ hand out ～ ～を配る

第2章 社内会話編

> **ビジネス英会話のカギ**
>
> 会議を始めるときは、司会者はあいさつをして出席者を確認した後、資料を配布し会議の目的を伝えます。We're here to discuss 〜（〜について議論します）、The purpose of the meeting is 〜（会議の目的は〜）、hand out materials（書類を配る）など定番フレーズに慣れましょう。

CD1 39

1. **Good afternoon, everyone. I see we're all here.**
   ❶ 会議を開始するときの定番フレーズ。

TOEIC
2. **Shall we get started now?**
   ❶ Now, I'd like to get things under way. でもOK。get things under way は「始める」の意。

3. **Sure, please go ahead.**

4. **I'm Susumu Yamazaki, the chairperson of this meeting.**
   ❶ chairperson には「（取締役会の）会長」の意味もある。

5. **We have a lot to go through today.**
   ❶「議題」という単語を使う場合にはagendaがある。

6. **The purpose of this meeting is to discuss new sales strategies.**
   ❶ strategies は「戦略」。

7. **We're here today to discuss distribution channels.**
   ❶ distribution channel で「流通ルート」。

TOEIC
8. **I'm attending in place of Mr. Smith.**

TOEIC
9. **Could you hand out the materials?**
   ❶ handout は名詞で「資料；プリント」。「配る」は他に pass out や distribute も OK。

SCENE 39 会議の概略と資料

会議の進行のポイントを紹介するフレーズを練習しましょう。決まった言い回しに慣れることが大切です。

□ 1 何から始めましょうか。
- do first
  始める

□ 2 お手元の資料をご覧ください。
- take a look at 〜
  〜を見る

□ 3 新しいマーケティングについての概略をお知らせいたします。
- I'd like to give 〜
  〜をお知らせする

□ 4 討議の主なポイントを一通り見ておきましょう。
- run through 〜
  〜に一通り目を通す

□ 5 最初の議題は広告費です。
- agenda
  議題

□ 6 それでは現在の財務状況をざっと確認しておきましょう。
- let's briefly go over 〜
  〜を簡単に確認する

□ 7 プリントの統計に注目していただきたいのですが。
- bring your attention to 〜
  〜に注意を向ける

□ 8 その線グラフの赤い線は何を表していますか。
- line graph
  線グラフ

□ 9 この数字は昨年度の運営コストを表しています。
- This figure shows 〜
  この数字は〜を表す

第2章　社内会話編

ビジネス英会話のカギ

資料の説明にはrepresent（〜を示す・表す）やindicate、showなどの動詞を使います。また、take a look at 〜（〜を見る）、go over 〜（〜に目を通す；〜を確認する）などのイディオムや、line graph（線グラフ）、bar graph（棒グラフ）、pie chart（円グラフ）というグラフ関連語もインプットしておきましょう。

CD1　40

1 What shall we do first?

2 Please take a look at the material in front of you.
❶「お手元の」はin front of you（あなたの前にある）でOK。

TOEIC

3 I'd like to give you an overview of the new marketing campaign.
❶「概略」はoverviewと言う。「要約」の意味もある。

4 Let's run through the major points of the discussion.

TOEIC

5 The first item on the agenda is advertising costs.

6 Now, let's briefly go over the current financial situation.
❶ brieflyは「簡潔に」、go overは「目を通す」という意味。

7 I'd like to bring your attention to the statistics on the printout.
❶ statisticsは「統計」。

8 What does the red line on the line graph represent?
❶ representは「示す；表す」の意。

TOEIC

9 This figure shows the running costs last year.
❶「表す」はindicateでもOK。「運営コスト」はrunning costsと言う。

SCENE 40 意見を述べる・聞く

会議で意見を述べるときには、感想ではなく、ロジックのある見解である必要があります。よく使うフレーズをピックアップして練習しましょう。

- [ ] 1. では市村さん、発言を始めてもらえますか。
  - ○ start things off
    発言を始める

- [ ] 2. 製造コストを下げるために、供給業者の変更を提案したいと思います。
  - ○ I'd like to propose that ~
    ~を提案したい

- [ ] 3. 消費者の購買傾向について調査をすべきでしょう。
  - ○ conduct a survey
    調査をする

- [ ] 4. 在庫水準を最小限に抑える必要があります。
  - ○ minimize
    最小限に抑える

- [ ] 5. 顧客の心をつかむことが最優先であることを常に認識しておく必要があります。
  - ○ keep in mind that ~
    ~を認識して[心に留めて]おく

- [ ] 6. スタッフ研修を減らすことは、競争力を維持していく上で適切でないと考えます。
  - ○ competitive edge
    競争力

- [ ] 7. この件についてどう思いますか。
  - ○ feedback (意見)を使う

- [ ] 8. それについてもう少し詳しく説明していただけますか。
  - ○ specific
    詳しい；具体的な

- [ ] 9. この件に関してはもう少し調査いたします。
  - ○ look into ~
    ~を詳しく調べる・調査する

第2章 社内会話編

> **ビジネス英会話のカギ**
>
> ビジネスの会議で「意見」を述べる際は、会社全体の利益を考慮した上での「見解」や「見通し」を述べる必要があり、英語で直訳してopinion（私見＝あくまで個人レベルでの考え）を使うのは適切ではありません。仕事で「意見」を言う場合にはview、input、feedbackなどがベストです。

CD1 41

1. Now, Mr. Ichimura, could you start things off?
   ❶「では〜」はNowと言えばOK。

2. I'd like to propose that we change suppliers to reduce the production costs.

TOEIC

3. I think we should conduct a survey of customers' buying habits.
   ❶ buying habitsは「購買傾向；購買習慣」という意味。

TOEIC

4. We need to minimize the inventory level.
   ❶ inventory levelで「在庫水準；在庫量」。

5. We have to keep in mind that earning customer loyalty should take priority.

TOEIC

6. I don't think it's appropriate to reduce staff training in order to maintain our competitive edge.

TOEIC

7. Could we get your feedback [input] on this?
   ❶ What do you make of it?（あなたはどう思いますか）もよく使われる。

TOEIC

8. Could you be more specific about that?
   ❶ Could you elaborate on that?とも言える。elaborate onは「〜について詳しく説明する」。

9. I'll look into this in more detail.

SCENE 41 賛成する

賛成したり、同意したりする言い方はいくつかあります。よく使うものが多いのでいくつかのバリエーションを練習しておきましょう。TOEICにも頻出です。

□ 1 あなたの提案には全面的に賛成です。　　○ supportを使う

□ 2 その点についてあなたに賛成です。　　○ agreeを使う

□ 3 スミス氏と同意見です。
○ same view
同じ意見

□ 4 その新しい販売戦略においてはあなたと同じ意見です。
○ be with ～
～に同意する

□ 5 このプランで進めるべきだと思います。
○ go ahead with ～
～で進めて行く

□ 6 長期的に見れば我々のプラスになると確信します。
○ benefit
～の利益[プラス]となる

□ 7 それで双方にメリットがあります。　　○ createを使ってみよう

□ 8 私の考えとしては、それはとても理にかなっていると思います。
○ as far as I'm concerned
私の考えでは；私に関しては

□ 9 彼の提案に全く賛成です。なぜなら奨励金プログラムは我々のスタッフの士気を上げるものだからです。
○ I'm all for ～
～に全く賛成である

ビジネス英会話のカギ

賛意を表す表現にはおなじみのagree with [to] ～を使う以外に、supportやI'm behind ～、I'm for ～、I'm with ～などのバリエーションがあります。いくつか使えるようにしておきましょう。また、benefit（利益になる）、boost（増加させる）、morale（士気）などはポジティブな意見を述べるときに最適。

CD1 42

1 I totally support your proposal.
- I'm behind your proposal. もOK。behindは「～を応援・奨励して」の意味。

2 I agree with you on that point.
- agree with A on B（B［意見など］についてA［人］に賛成である）

3 I have the same view as Mr. Smith.
- 「意見」はビジネスではviewが適している。

4 I'm with you on the new sales strategy.

TOEIC

5 I think that we should go ahead with this plan.

TOEIC

6 I believe that it will benefit us in the long run.
- 「長期的には」はin the long runで表す。

7 It can create a win-win situation.
- win-winは「双方にメリットになる」という意味。

TOEIC

8 As far as I'm concerned, it sounds quite reasonable.
- reasonableは「妥当な；理にかなう」。他にappropriate（適切な）、feasible（実現可能な）も重要。

TOEIC

9 I'm all for his suggestions because the incentive pay program will surely boost our staff's morale.

SCENE 42 反対する

反対意見は言いにくいものですが、ビジネスでははっきりさせることが大切です。I'm afraid や I don't think で始めれば口調が和らぎます。

□ 1 その提案には反対です。
- be against ～
  ～に反対である

□ 2 残念ながら賛成しかねますが。
- can't agree with ～
  ～に賛成しかねる

□ 3 あなたの言うことも一理ありますが、残念ながら同意しかねます。
- beg to differ
  残念ながら同意しかねる

□ 4 それがうまくいくとは思えないのですが。
- I don't think を使う。

□ 5 それについて少々気になる点があるのです。
- reservations
  疑念；不安

□ 6 ウェブのアクセス件数の急激な落ち込みが心配です。
- I'm concerned about ～
  ～が心配だ

□ 7 それとこれとは別の問題です。
- different issues
  別の問題

□ 8 今はそんな余裕などありません。
- afford
  ～の余裕がある

□ 9 その代わりに、人件費の削減を提案します。
- I'd suggest ～
  ～を提案する

ビジネス英会話のカギ

「反対する」は一般的なdisagree with [on] ～ばかりでなく、I'm against ～（～に不賛成である）やI beg to differ.（同意しかねます）なども覚えておきましょう。また、ビジネスにおいては「不安；心配」はworry（個人レベルでの心配）の代わりに、reservations（不安）やconcern（懸念）が適しています。

1 I'm against the proposal.

2 I'm afraid I can't agree with that.
　❶ I'm afraidで始めるとワンクッションおいた感じが出せる。

3 You have a point there, but I beg to differ with you.
　❶ differは「意見が合わない」。「一理ある」はhave a pointで表せる。

4 I don't think it will work out.
　❶ work outは「うまくいく」の意味。

5 I have a few reservations about it.

6 I'm concerned about the rapid decline in the website traffic.
　❶ website traffic（ウェブサイトのアクセス件数）

7 These are two different issues.
　❶ 直訳で「2つの別問題が存在する」とする。

8 We simply can't afford that.
　❶ simply（全く；本当に）は強調を表す。

9 Instead of that, I'd suggest curtailing personnel costs.
　❶ instead of ～は「～の代わりに」、curtailは「削減する」という意味。

SCENE 43 会議を締めくくる

会議を終えるときには合意内容や質問の有無を確認するなど決まった手順が必要です。出席者に安心感を与えて会議を締めくくるフレーズを紹介します。

□ 1 はっきりしないところはないですか。
- Is there anything 〜
  〜はないですか

□ 2 斉藤さんの意見を聞いてみましょうか。
- Let's hear 〜
  〜を聞いてみましょうか

□ 3 これ以上質問がないようでしたら、次の議題に移りましょう。
- move on to 〜
  〜に移る

□ 4 どこまで話しましたか。
  [話の続きはどこでしょう？]
- Whereで始める

□ 5 賛成の人は手を挙げてください。
- in favor
  賛成して

□ 6 本日討議した内容を確認させてください。
- go over 〜
  〜を振り返る・確認する

□ 7 皆さんもこれでよろしいでしょうか。
- work forを使う

□ 8 皆さんのご提案を聞かせていただきありがとうございました。
- contribution
  提案；助言

□ 9 その件は次の会議で取り上げることにしましょうか。
- take up 〜
  〜を取り上げる

第2章 社内会話編

🔑 ビジネス英会話のカギ

会議を締めくくるには、フレーズ6のように決定した事項を振り返って確認します。go over（目を通す）はビジネス英語には欠かせないフレーズですが、ここでは「復習する；読み返す」の意味です。wrap up（～を終わりにする）も非常によく使う重要動詞句なので覚えておきましょう。

CD1 44

1 Is there anything that is unclear?

2 Let's hear what Mr. Saito has to say.
❶ 出席者のだれかに振って意見を聞くときに便利なフレーズ。

TOEIC
3 If there're no further questions, let's move on to the next agenda item.　❶ 議題の転換に使うフレーズ。furtherは「追加の；さらなる」。

4 Where were we?
❶ Let's pick up where we left off.（先ほどの続きから始めましょう）でもOK。

TOEIC
5 All in favor, raise your hand.
❶ I have no problem with it.（異議ありません）も覚えておこう。

TOEIC
6 Let me go over what we've discussed today.

7 Does that work for everybody?
❶ ここでのworkは「目的通りに動く」という意味。work for everybodyで覚えよう。

8 Thank you all very much for your contributions.
❶ allを付けることで、感謝の意が強まる。

9 Shall we take up the item at another meeting?

SCENE 44 社内行事・イベント

社内行事を中心に、よくある対外イベントに使う会話フレーズを紹介します。キーワードを覚えておくとスムーズに話せるでしょう。

☐ 1 受賞パーティーは来月プラザホテルで行われます。
◦ hold
行う；催す

☐ 2 藤堂さんの送別会は誰が幹事をしていますか。
◦ organize
幹事をする；準備する

☐ 3 彼らは午後3時から研修を受ける予定です。
◦ on-the-job training
研修

☐ 4 彼は今週の社内ゴルフコンペに気合い十分ですよ。
◦ company golf competition
社内ゴルフコンペ

☐ 5 間もなく受ける健康診断にはかなり緊張します。
◦ physical check-up
健康診断

☐ 6 部長から花見のスポットをキープしておくように頼まれました。
◦ stake out
（場所などを）確保する

☐ 7 私たちはメラニーの結婚祝いにみんなでカンパし合いします。
◦ chip in
カンパする

☐ 8 避難訓練は9月1日の防災の日に行われます。
◦ evacuation drill
避難訓練

☐ 9 私たちは11月にドイツで行われる展示会に出席します。
◦ trade fair
展示会；見本市

ビジネス英会話のカギ

upcomingは「間もなくの」という意味の形容詞で、近々予定されている行事やイベントを表すのによく使います。upcoming conference（近々予定の会議）は重要フレーズ。会議やイベントを「準備する・しきる」にはorganizeを使い、「開く；開催する」にはholdを使います。

CD1 45

TOEIC
1. The awards banquet will be held at the Plaza Hotel next month.
   ❶ awards banquetは「受賞パーティー」の意でTOEICでも頻出のテーマ。

TOEIC
2. Who's organizing the farewell party for Mr. Todo?
   ❶「送別会」はfarewell party、「歓迎会」はget-together (party)と言う。

TOEIC
3. They're supposed to have on-the-job training from three in the afternoon.

4. He's all geared up for the company golf competition this week.
   ❶ be (all) geared up for ~は「~に準備万端の」の意味のイディオム。

TOEIC
5. I'm so nervous about the upcoming physical check-up.

6. The manager asked me to stake out some good spots for the cherry-blossom-viewing party.

7. We're all chipping in for Melanie's wedding gift.
   ❶ wedding gift（結婚祝い）

8. The evacuation drill is scheduled on September 1, Disaster Prevention Day.

TOEIC
9. We're going to attend the trade fair held in Germany in November.

SCENE 45 休暇・退職・解雇

休暇を取るフレーズはビジネス会話でも必須です。ほかに、退職や解雇のフレーズもいっしょに練習しておきましょう。

1	彼は今日休みをもらっています。	○ on vacation 休み中
2	彼女は現在産休を取っています。	○ on maternity leave 産休で
3	店長は本日病欠です。	○ on sick leave 病欠で
4	私は7月から休職しようと考えています。	○ take a leave of absence 休職する
5	彼女は来月会社を辞めます。	○「辞める」はleaveを使う
6	私は早期退職の申請をしました。	○ early retirement 早期退職
7	永倉さんが今日辞表を提出したことをまだ聞いていないのですか。	○ tender one's resignation 辞表を提出する
8	彼女は先月解雇されました。	○ lay off 解雇する
9	あなたは2カ月分の退職手当を受け取る権利があります。	○ be entitled to 〜 〜する権利・資格がある

ビジネス英会話のカギ

休暇のバリエーションとしてon vacation（休暇中で）、on maternity leave（産休中で）、on sick leave（病欠で）などの表現は欠かせません。「会社を辞める」はleaveまたはquitで表現します。「解雇する」はlay off、fire、discharge、dismissです。

CD1 46

1. He's on vacation today.
   ❶「休みで；休暇中で」はon leaveでもOK。

2. She's on maternity leave right now.
   ❶ on child-care leaveなら「育児休暇中で」。

3. The store manager is on sick leave today.
   ❶「店長」はstore managerと言う。

4. I'm thinking about taking a leave of absence from July.

TOEIC
5. She's going to leave this company next month.
   ❶ 他にquit this companyやleave usでもOK。

TOEIC
6. I applied for early retirement.
   ❶「〜を申請する」はapply for 〜を使う。sign up for 〜（〜に申し込む）も重要。

7. Haven't you heard that Mr. Nagakura tendered his resignation earlier today?

TOEIC
8. She was laid off last month.
   ❶ She was fired.とも言える。逆の意味のhire（雇う）と混同しないように注意。

TOEIC
9. You're entitled to receive a two-month severance package.
   ❶「退職（解雇）手当」はseverance package [pay]と言う。

SCENE 46 欠勤・遅刻・出張

病欠などの休みの連絡や申請、遅刻や出張について話すフレーズを練習しましょう。日常の仕事の中でよく使うものばかりです。

□ 1　明日は休みをいただいております。　　○ be off
　　　　　　　　　　　　　　　　　　　　　　休みを取る

□ 2　彼女は明日は午前休です。　　　　　　○ take the morning off
　　　　　　　　　　　　　　　　　　　　　　午前休を取る

□ 3　今日は出社できません。　　　　　　　○ come in
　　　　　　　　　　　　　　　　　　　　　　出社する

□ 4　今朝、彼女から病欠の連絡がありました。　○ call in sick
　　　　　　　　　　　　　　　　　　　　　　病欠の連絡を入れる

□ 5　彼は少し会議に遅れています。　　　　○ run a little late
　　　　　　　　　　　　　　　　　　　　　　少し遅れる

□ 6　本日はクライアントに会った後直帰いたします。　○ go straight home
　　　　　　　　　　　　　　　　　　　　　　直帰する

□ 7　明日は大阪まで日帰り出張しなくてはなりません。　○ make a day trip
　　　　　　　　　　　　　　　　　　　　　　日帰り出張する

□ 8　来月はほとんど出張ですよ。　　　　　○ on the road
　　　　　　　　　　　　　　　　　　　　　　出張である；旅に出ている

□ 9　来週火曜日からは上海へ出張です。　　○ go on a business trip
　　　　　　　　　　　　　　　　　　　　　　出張旅行する

第2章 社内会話編

ビジネス英会話のカギ

call in sick は「病欠の連絡を入れる」ときの定番フレーズ。「直帰する」は英語で直訳がなくフレーズ6のように表現します。come in（出社する）、be running late（遅れている）、on the road（出張している）はとっさに出てこない表現かもしれません。使えるように準備しておきましょう

CD1 47

1. I'll be off tomorrow.

2. She'll take the morning off tomorrow.
   ❶「午後休を取る」は take the afternoon off と言う。

3. I can't come in today.
   ❶「ちょうどいま会社に来ました」なら I just got in. と言う。

TOEIC
4. She called in sick this morning.
   ❶ call in sick は TOEIC にも必須。

TOEIC
5. He's running a little late for the meeting.
   ❶ run late で「遅れる」の意味。

6. I'll go straight home after meeting my clients today.
   ❶「家にまっすぐ帰る」とすれば意味が通じる。

7. I'll have to make a day trip to Osaka tomorrow.

TOEIC
8. I'll be on the road most of next month.
   ❶ I'll be out of town. もよく使うので覚えておきたい。

TOEIC
9. I'm going on a business trip to Shanghai from next Tuesday.

SCENE 47 人事異動

オフィスでは人事についてもよく話題になります。人事の基本表現はTOEICにも必須なのでよく使うフレーズで練習しておきましょう。

□ 1　人事異動について聞きましたか。
- personnel reshuffle
  人事異動

□ 2　部長に新企画の責任者に任命されました。
- put me in charge
  私を任命する

□ 3　斉藤さんの後任は誰ですか。
- replace（〜に取って代わる）を使う

□ 4　沖田さんは京都営業所に配属されました。
- be assigned to 〜
  〜に配属される

□ 5　彼女は昇進候補に入っています。
- in line for 〜
  〜の候補に入っている

□ 6　彼はまた昇進から外れてしまいました。
- be passed over
  外れる；見送られる

□ 7　彼は新宿支店に転勤になりました。
- branch
  支店

□ 8　彼女は子会社に先月異動になりました。
- subsidiary company
  子会社

□ 9　彼は地方の支店に飛ばされたという噂です。
- be sent off
  飛ばされる；左遷される

ビジネス英会話のカギ

人事異動（personnel reshuffle）には決まった単語や表現が使われます。headquarters（本社［必ず複数形］）、支店（branch）、子会社（subsidiary）、affiliate（関連会社）などの配属先のほか、be transferred to ～（～に異動になる）、be sent off to ～（～に飛ばされる）などを覚えておきましょう。

CD1 48

1 Have you heard about the personnel reshuffle?
   ❶ reshuffleは「（人の）入れ替え」という意味。

2 The manager put me in charge for the new project.

TOEIC
3 Who's going to replace Mr. Saito?
   ❶ 名詞のreplacementは「後任者」の意味がある。

4 Mr. Okita has been assigned to our Kyoto office.

TOEIC
5 She's in line for the promotion.
   ❶「昇進」はpromotionと言う。

6 He was passed over for a promotion again.

TOEIC
7 He has been transferred to our Shinjuku branch.
   ❶ transferは「異動させる」で、「異動になる」ならbe transferredとする。

TOEIC
8 She was appointed to a subsidiary company last month.
   ❶ be appointed to ～で「～に任命される」の意味。

9 Rumor has it that he was sent off to a local branch.
   ❶「噂では～」はRumor has it that ～でOK。

SCENE 48 応募・面接・転職

求人・面接のときによく使うフレーズを紹介します。頻出語を押さえながら練習しましょう。

□ 1 新卒者が午後から面接に来ます。
- new graduate
  新卒者

□ 2 80人の応募者を選考して、5人に絞り込みます。
- screen
  ふるいにかける；選抜する

□ 3 実用的な英語力があることは大きな強みです。
- advantage
  強み；長所

□ 4 空きポストは先週埋まりました。
- be filled
  埋まる

□ 5 5月14日までに履歴書を送らなければなりません。
- no later than ～
  ～よりも遅れることなく

□ 6 私はどうも営業には向いていません。
- be not cut out for ～
  ～に不向きである

□ 7 私はグラフィックデザイナーとしてのキャリアを開拓していきたいです。
- carve out ～
  ～を開拓する

□ 8 どれくらいの給与をお考えですか。
- compensation
  報酬；給料

□ 9 仕事に応募する前に職務内容をよく読まないといけません。
- job description
  職務の詳細

ビジネス英会話のカギ

求人・求職の際には、compensation / remuneration（給与）、benefits（福利厚生）、job description（職務の詳細）、certificate（資格などの証明書）、qualification（技能；適性）などがよく使われるキーワード。no later than（〜までに）は期限を表すのに重要。

---

1. The new graduates are coming in for an interview this afternoon.
   ❶「面接を受けに来る」は come in for an interview と言える。

2. We're going to screen 80 applicants and shortlist five.
   ❶「最終候補を選ぶ」は shortlist と言う。

3. It's a tremendous advantage to have an excellent command of English.　❶「実用的な英語力」は command of English で表せる。

4. The position was filled last week.
   ❶「空きポスト」は position の1語でかまわない。

5. I'll have to send my CV no later than May 14th.
   ❶ CV (curriculum vitae) は「履歴書」のこと。résumé とも言う。

6. I think that I'm not cut out for sales.

7. I want to carve out a career as a graphic designer.
   ❶ carve out a career で覚えておこう。

8. What kind of compensation would you expect?
   ❶ what kind of compensation で品よく給与額を聞ける。

9. You have to look through the job description before applying for the position.

心を揺さぶる
ビジネス名言 ❷

Control your destiny,
or someone else will.

by Jack Welch

「自分の運命は自分でコントロールすべきだ。さもなければ、誰かにコントロールされてしまうだろう」

ジャック・ウェルチ

第3章

商談・接待・出張編

対外交渉のフレーズは仕事を進める大切なツールとなります。難しいものはありません。プレゼンでも商談でも接待でもシンプルフレーズが活躍します。

- SCENE 49（CD-2 Track 02）
  ▼
- SCENE 75（CD-2 Track 28）

SCENE 49 プレゼンを始める

プレゼンは自社の商品やサービスを売り込むまたとない機会です。丁寧な言葉遣いで、かつ相手に好印象を与えることがポイントです。

1	本日は新商品をご紹介するすばらしい機会をいただき、誠にありがとうございます。	**wonderful opportunity** すばらしい機会
2	本日はお話しができることを大変光栄に思います。	**It's a great honor to ~** ~てきて大変光栄である
3	皆様を弊社にお迎えできこの上ない喜びでございます。	**I'm delighted to ~** ~できることは大きな喜びである
4	私が本プロジェクトの責任者です。	**in charge of ~** ~を任されている
5	それでは、まずは簡単な会社概要から始めさせていただきます。	**let me start with ~** ~から始めさせていただく
6	約30分くらいを予定しております。	**speak**を使おう
7	私のプレゼンの後で永倉よりこの商品の詳細を説明させていただきます。	**detailed description** 詳細の説明
8	ご質問は最後にお願いいたします。	**hold all questions until the end** 質問は最後にする
9	ご質問は随時お受けいたします。	**Don't hesitate to ~** 遠慮なく~する

第3章　商談・接待・出張編

ビジネス英会話のカギ

プレゼン開始時はまずあいさつをして、手短に自己紹介と会社紹介を行います。そして所要時間や全体の大まかな流れを簡潔に伝えましょう。It's a great honor to ~（~できて大変光栄です）やI'm delighted to ~（~できるのは大きな喜びです）を使い、プレゼンの機会を与えてくれた相手にポジティブな印象を与えましょう。

CD2 02

1. Thank you very much for giving me this wonderful opportunity to introduce our new product.

TOEIC
2. It's a great honor to speak to you today.
   ❶「お話しできる」はシンプルにspeak toでOK。

TOEIC
3. I'm delighted to be able to welcome you to our company.
   ❶「お迎えする」はwelcome you to ~を使う。

TOEIC
4. I'm in charge of this project.

TOEIC
5. Now, let me start with our company outline.
   ❶「会社概要」はcompany outline。

6. I'll be speaking for about 30 minutes.
   ❶プレゼンの所要時間を伝えておくと、相手は安心である。

7. After my presentation, Mr. Nagakura will give you a detailed description of this product.

8. I'd appreciate it if you'd hold all questions until the end.
   ❶ I'd appreciate it ifで非常に丁寧な言い方になる。ifの後は仮定法（would/could）にする。

TOEIC
9. Don't hesitate to ask questions at any time.
   ❶「随時」はat any timeと言えばよい。

SCENE 50 会社を紹介する

会社紹介では、具体的な情報や数値を簡潔に伝え、相手の信頼を得ることがポイントです。定番フレーズが活躍します。

☐ 1 当社について簡単にご説明いたしましょう。
- brief overview
  簡単な概要

☐ 2 弊社は1975年に設立されました。
- establish
  設立する

☐ 3 この分野では最大手の会社の1つです。
- leading company
  最大手

☐ 4 弊社は2年前にSOJインターナショナルと合併いたしました。
- merge with ～
  ～と合併する

☐ 5 弊社は創業して60年以上になります。
- We've been in business
  創業して～になる

☐ 6 弊社は東京を本拠として、主な都市に支店が10あります。
- be based in ～
  ～に拠点を置く

☐ 7 昨年度の純利益は約5億円でした。
- net profits
  純利益

☐ 8 私どもの主な購買層は中高年です。
- primary market
  主な購買層

☐ 9 市場では30%のシェアを占めています。
- account for ～
  ～を占める

第3章　商談・接待・出張編

ビジネス英会話のカギ

会社紹介では、設立年度や主な事業内容はもちろん、本社や支店の紹介、市場占有率などの情報も伝えます。be based in ~（~に拠点を置いている）、leading company（最大手）、account for ~（~［%］を占める）、net profits（純利益）などの表現は欠かせません。

CD2 03

1 Let me give you a brief overview of our company.
❶ brief rundownという言い方もある。rundownは「説明」の意。

TOEIC
2 The company was established in 1975.
❶ 他にwas foundedもよく使われる。

TOEIC
3 We're one of the leading companies in this field.
❶ leadingは「大手の；一流の」の意。「一流の」を強調するにはprestigiousを使う。

TOEIC
4 We merged with SOJ Int'l two years ago.
❶ Int'l（Internationalの略）は「国際企業」の意味。

TOEIC
5 We've been in business for over 60 years.

TOEIC
6 We're based in Tokyo and have 10 branches in every major city.

7 Net profits were about 500 million yen last year.
❶ net profitsは「税引き後利益」のこと。net lossesなら「純損失」。

8 Our primary market is the middle-aged.
❶ the middle-agedで「中高年」。

TOEIC
9 We account for 30% of market share.

117

SCENE 51 資料を駆使する

プレゼンではパワーポイントなどで資料を駆使する説明は欠かせません。よく使う表現をしっかり覚えておきましょう。

☐ 1 まずはこちらの棒グラフをご覧ください。
- take a good look at ～
  ～を（注目して）見る

☐ 2 この図表は我が社の販売実績を表しています。
- This chart represents ～
  この図表は～を表す

☐ 3 縦軸は販売数を表しています。
- vertical axis
  縦軸

☐ 4 そして横軸は年度を表しています。
- horizontal axis
  横軸

☐ 5 昨年から売上げは上昇に向かっています。
- have been on the upswing
  上昇に向かっている

☐ 6 売上げは一気に増加しました。
- dramatic increase
  一気の（劇的な）増加

☐ 7 緑で強調されている部分をよくご覧ください。
- highlight
  強調する

☐ 8 この円グラフは当社の製品が海外市場でも大いに競争力があることを示しています。
- highly competitive
  大いに競争力がある

☐ 9 売上げは前年度比で10％ダウンしました。
- from the previous year
  対前年度比

第3章 商談・接待・出張編

ビジネス英会話のカギ

会議と同様、プレゼンでも表・グラフや数値情報などを的確に英語で説明できるよう関連語を覚えましょう。vertical axis（縦軸）、horizontal axis（横軸）、sales performance（販売実績）、increase in sales（売上げの増加）、from the previous year（対前年度）などでプレゼン力を高めましょう。

TOEIC　　　　　　　　　　　　　　　　　　　　　　　CD2 04

1. First of all, let's take a good look at this bar chart.
   ❶ bar chartは「棒グラフ」。

2. This chart represents our sales performance.
   ❶ sales performance（販売実績）

3. The vertical axis represents the number of sales.

4. And the horizontal axis represents the time.
   ❶「年度」はthe timeで表す。

5. Sales have been on the upswing since last year.
   ❶ have been on the riseでもOK。

6. We have achieved a dramatic increase in sales.
   ❶「大幅な増加」はexponential increaseなどと言ってもよい。

7. Please focus your attention on the area highlighted in green.

8. This pie chart shows that our products are highly competitive in the global market.

TOEIC

9. Sales showed a 10% decline from the previous year.
   ❶「ダウン；減少」にはdeclineを使う。

SCENE 52 商品・サービスを説明する

商品やサービスの説明では、その特徴をポジティブにアピールできる表現を知っておくことが大切です。具体的な紹介ができるかどうかもポイントですね。

---

1. この新機能は必ず注目を集めるでしょう。
   - **attract attention** 注目を浴びる

2. こちらはZH-1型をバージョンアップしたものです。
   - **advanced** バージョンアップした

3. この製品はコスト削減に大いに役立ちます。
   - **make a great contribution** 大いに役立つ

4. 最新のテクノロジーが採用されています。
   - **leading-edge** 最新の

5. 維持費も大幅にカットできます。
   - **significantly** 大幅に

6. こちらは我が社の売れ筋の商品です。
   - **top-selling** 売れ筋の；最もよく売れている

7. (それは)耐熱性に優れ、かつ長持ちします。
   - **long-lasting** 長持ちする

8. 現在このサービスはかなりの需要があります。
   - **in demand** 需要があって

9. 現在特許出願中です。
   - **pending** 審理中の；未決定の

第3章　商談・接待・出張編

ビジネス英会話のカギ

商品やサービスなどの特徴は、購入側の視点に立ちその利点をポジティブに伝えます。attract attention（注目を浴びる）、make a great contribution（大いに役立つ・貢献する）、cost savings（コスト削減）、top-selling（ベストセラーの；大人気の）などのフレーズを用いて積極的にアピールします。

CD2 05

1 This new function will absolutely attract attention.
   ❶「必ず」はabsolutelyを使う。draw attention（注目を集める）も重要。

2 This is the advanced version of the ZH-1 model.
   ❶「バージョンアップした」はupgradedも使える。

3 This product can make a great contribution to cost savings.

TOEIC
4 The leading-edge technology has been applied.
   ❶ applyで「採用する」。「（技術が）最新の」は他にlatest、cutting-edge、state-of-the-artなど。

5 You can also reduce maintenance costs significantly.
   ❶「維持費」はmaintenance costsと言う。

6 This is our top-selling product.

7 It's highly heat-resistant and also long-lasting.
   ❶「防水」はwater-proof、「耐火性」はfire-resistantと言う。

TOEIC
8 This service is currently very much in demand.

9 The patent is pending.
   ❶ patentは「特許」の意。intellectual property right (IPR)で「知的所有権」。

SCENE 53 プレゼンを締めくくる

プレゼンの最後には商品のデモを行ったり、発売時期やキャンペーンの情報を紹介したりします。代表的なフレーズを紹介します。

- [ ] 1　他のメリットもお見せしましょう。
  - ○ advantage
    利点；強み

- [ ] 2　さて、ここまでで重要事項はすべて申し上げました。
  - ○ so far
    ここまでで

- [ ] 3　ではどう動くかをお見せしましょう。
  - ○ how it works
    どう動くか；どう機能するか

- [ ] 4　この部屋の後ろで実際にZH-1を試していただけます。
  - ○ try out
    実際に試してみる

- [ ] 5　前のバージョンとの違いは何ですか。
  - ○ the differences from 〜
    〜との違い

- [ ] 6　希望小売価格はいくらですか。
  - ○ suggested retail price
    希望小売価格

- [ ] 7　発売はいつ頃の予定ですか。
  - ○ release（発売する）を使う

- [ ] 8　さらに詳しい情報については、我が社のウェブサイトをご覧いただくか、または営業部までご連絡ください。
  - ○ for further information
    さらに詳しい情報については

- [ ] 9　お忙しいところご清聴いただき誠にありがとうございました。
  - ○ time and attentionを使う

ビジネス英会話のカギ

プレゼンの締めくくりには相手側の質問に答えるほか、実際に製品に手を触れてもらい、操作してもらう機会を提供することもあります。try out（実際に試してみる）、show you how it works（機能を見てもらう）などのフレーズが活躍します。

CD2 06

1. I'd like to show you other advantages.

2. Well, I think that so far I've covered all the important points.
   ❶「重要事項」はimportant pointsなどと言う。

TOEIC
3. Let me show you how it works.
   ❶ showの代わりにdemonstrateも使える。「デモ」はdemonstrationまたは短縮形のdemo。

TOEIC
4. You can try out the ZH-1 at the back of the room.
   ❶ at the back of the room（この部屋の後ろで）もこの形のまま覚えておきたい。

5. What are the differences from the previous version?
   ❶「前のバージョン」はprevious versionである。

6. What's the suggested retail price?
   ❶「卸売価格」ならwholesale price。

TOEIC
7. When is it going to be released?
   ❶「発売する」は他にlaunchという動詞をよく使う。

TOEIC
8. For further information, please visit our website or contact our Sales Division.

9. Thank you very much for your time and attention.

SCENE 54 商談・交渉① 見積り

ビジネスの商談は数字を押さえる必要があります。まず見積もりと予算をめぐるフレーズを練習しましょう。

☐ 1　弊社からのご提案はいかがでしょうか。　　● How で始める

☐ 2　予算はどれくらいですか。　　● limit を使う

☐ 3　価格の幅はおいくらでお考えですか。　　● price range 価格の幅

☐ 4　PDFファイルにて製品カタログをお送りしてもよろしいですか。　　● Would you mind if ～ ? で始める

☐ 5　無料サンプルを同封いたします。　　● enclose 同封する

☐ 6　見積りを出していただけますか。　　● estimate 見積り

☐ 7　最新の価格見積りをいただきたいのですが。　　● price quotation 価格見積り

☐ 8　私どもの見積りでよろしいでしょうか。　　● acceptable 受理できる；条件に合った

☐ 9　見積りの有効期間はどのくらいですか。　　● valid 有効な；通用する

ビジネス英会話のカギ

見積りについての話し合いでは予算や価格など「数字」がキーポイントですが、例えば15と50などの聞き取りミスはよく起こります。後で誤解が生じないよう必ず「書面」で確認しながら商談を進めましょう。price range（価格の幅）やacceptable（[条件に]合う）、valid（有効な）などの表現をうまく活用しましょう。

CD2 07

1 How do you like our offer?

2 What's the limit of your budget?
❶ limit of budget で「予算の幅・限界」という意味。

3 What price range do you have in mind?
❶ have ~ in mind で「~と考えている」。

4 Would you mind if we sent our product catalog in a PDF file?
❶「PDFファイルにて」はin a PDF fileと言う。

TOEIC

5 Let me enclose free samples.

TOEIC

6 Would you give us [me] an estimate?
❶「見積り」にはestimateとquotation (quote)という言い方がある。

TOEIC

7 I'd like to have the latest price quotation.
❶「最新の」はlatestが適切。

8 Is our quote acceptable?

TOEIC

9 How long is the quote valid?
❶ How long is the quote in force?でもOK。in force（効力のある）。

SCENE 55 商談・交渉② 売り込み

商品を売り込むには「強く訴える」表現を効果的に使うことが大切です。自社製品を自信をもって紹介しましょう。

□ 1 こちらが当社の新製品です。
◦ new line of ～
新～

□ 2 この3月に出たばかりです。
◦ come out
出る；発売される

□ 3 これらがその製品の主な利点です。
◦ advantage
利点

□ 4 品質においては他の物とは比較になりません。
◦ When it comes to ～
～においては

□ 5 当社の製品は市場で高く評価されています。
◦ recognition
評価

□ 6 （それは）お客様のご要望にぴったりなのは間違いありません。
◦ We're positive that ～
～に関して確信する

□ 7 すばらしく軽量でかつ耐久性があります。
◦ durable
耐久性のある；丈夫な

□ 8 大きなスペースを取りません。
◦ take up
～を取る；～を占める

□ 9 操作も簡単です。
◦ operate
操作する

第3章 商談・接待・出張編

ビジネス英会話のカギ

自社の製品やサービスを売り込む際には、その特徴や長所をシンプルかつ明確に伝えることが大切です。major（主な）やWe're positive（確信する）、incredibly（すばらしく）などの表現でポジティブに力強くアピールしましょう。

CD2 08

1. **This is our new line of products.**

2. **It just came out this March.**
   ❶ It was just released. でもOK。

3. **Here are the major advantages of the product.**
   ❶ majorをstriking（顕著な；すばらしい）にすればグレードアップする。

4. **When it comes to quality, there's no comparison.**
   ❶「比較にならない」はno comparisonを使う。

5. **Our products have high market recognition.**
   ❶ high market recognitionという表現のまま覚えておきたい。

6. **We're positive that it will meet your needs.**
   ❶「（要望・規則）などに合う」はmeetを使って表せる。

7. **It is incredibly lightweight and also durable.**
   ❶「すばらしく」にはincrediblyを使うと効果的。

8. **It doesn't take up much space.**

9. **It's easy to operate.**

SCENE 56 商談・交渉③ 価格

価格交渉ではしっかりと話を詰めることが後の取引をスムーズにします。言いにくくてもきちんと質問できるよう、定番フレーズを練習しておきましょう。

- ☐ 1 こちら(この製品)の希望価格はいくらになりますか。
  - ○ asking price
    希望価格

- ☐ 2 予算をはるかに超えています。
  - ○ over our budget
    予算を超えて

- ☐ 3 100ドルを超えることはできません。
  - ○ go over 〜
    〜を超える

- ☐ 4 御社のご希望価格は1個80ドルですか。
  - ○ per unit
    1個につき

- ☐ 5 1個につき20ドル以上は無理です。
  - ○ We can't go 〜
    で「〜は無理だ」

- ☐ 6 最低注文数はいくつですか。
  - ○ order quantity
    注文数

- ☐ 7 1個20ドルにしてもらうには何が条件(必要)でしょうか。
  - ○ needを使う

- ☐ 8 税金は含まれていますか。
  - ○ include
    含む

- ☐ 9 いいえ、税金は含まれておりません。
  - ○ beforeを使う

ビジネス英会話のカギ

価格交渉では、over our budget（予算オーバーで）、go higher than（～より上げる）、go lower than（～より下げる）などは欠かせない表現。上手に値下げの要請をしましょう。発音上 can と can't は混同されがちです。特に can't はしっかり強く、最後の t まで発音し誤解を防ぎましょう。

CD2 09

1. What's your asking price for this?
❶ How much are you asking for this? もよく使われる。

TOEIC
2. That's way over our budget.
❶ この way は強調の副詞で「かなり；はるかに」という意味。

3. We can't go over $100.

4. Is your asking price $80 per unit?
❶ unit は「1個；個数」という意味で使う。

TOEIC
5. We can't go any higher than $20 a unit.
❶ 立場が逆で「～以下は無理」なら can't go any lower とする。

6. What's your minimum order quantity?
❶「最低限の」は minimum で表す。

7. What do you need in order to sell at $20 per unit?
❶ What do you need ～? は条件を聞く定番フレーズ。

TOEIC
8. Is the tax included?

9. No, that's the price before tax.
❶ before tax で「税抜きの；税引き前の」、「税込みの」は price with tax である。

SCENE 57 商談・交渉④ 取引条件

交渉においては、「〜という条件なら〜となる」という話し合いが付きものです。条件交渉を上手に進めるフレーズを紹介しましょう。

1	割引率はどれくらい融通が可能ですか。	○ How flexible で始める
2	こちらが私どもの（提示できる）条件です。	○ terms 条件
3	1千個以上の注文には10%の割引をさせていただきます。	○ exceed(ing) 〜を超えて
4	大口注文であれば価格を下げることができます。	○ bulk order 大口注文
5	保証はどのようになっていますか。	○ warranty 保証
6	一括してお支払いいただけるのであれば15%のディスカウントをお受けできますが。	○ on condition that 〜 〜てあれば；〜という条件で
7	サマーキャンペーン中は30%オフにさせていただきます。	○ offer a 〜 discount 〜オフにする
8	私どもの価格は他社よりお安くなっております。これ以上は下げられません。	○ competitive （価格などが）他社に負けない
9	もし注文を10%増やしていただければ、送料は無料にさせていただきます。	○ throw in（おまけに付ける）を使う

ビジネス英会話のカギ

交渉で条件を提示するときには、We can offer（〜させていただく）、We can accept 〜（〜は承諾します）、We're positive that 〜（確実に〜します）などをうまく活用し、こちらの意向をダイレクトに伝えます。on condition that 〜（〜の条件で）は具体的な条件提示に便利な表現です。

CD2 10

1. How flexible are your discount rates?
   ❶「割引率」はdiscount rateと言う。

TOEIC
2. Here are the terms we can offer.
   ❶「条件」のtermsは通例複数。terms of contract（契約条件）も覚えておこう。

TOEIC
3. We can offer a 10% discount on orders exceeding 1,000 units.

TOEIC
4. We can reduce the price for a bulk order.
   ❶ bulkは「大量」。buy in bulk（大量に購入する）も覚えておこう。

TOEIC
5. How about the warranty?

TOEIC
6. We could offer a 15% discount on condition that you pay the full amount in a lump sum.　❶「一括で（支払う）」はin a one-off paymentでもいい。

7. We can offer a 30% discount during the summer campaign.

TOEIC
8. We believe our price is competitive. We can't afford to go any lower than this.

9. We're willing to throw in free shipping if you increase your order by 10%.　❶ free shippingで「送料無料」。

SCENE 58 商談・交渉⑤ 納期

注文品の出荷状況や納期について話し合うフレーズを練習しましょう。期日の調整や期限を切る言い方をしっかり身につけましょう。

□ 1　納期(到着予定日)はいつ頃でしょうか。
　　　○ **delivery date**
　　　納期；到着日

□ 2　一番早くていつ頃出荷できますか。
　　　○ **ship**
　　　出荷する

□ 3　出荷は毎日行っております。
　　　○ **shipments**
　　　出荷

□ 4　品物は10日以内にはお手元にお届けします。
　　　○ **within**(〜以内に)を使う

□ 5　納期を繰り上げていただけませんか。
　　　○ **move up**
　　　繰り上げる

□ 6　今は在庫がありません。
　　　○ **out of stock**
　　　在庫がない

□ 7　生産スケジュールの都合で今月末までにはご注文品を出荷できません。
　　　○ **due to 〜**
　　　〜のせいで；〜の理由で

□ 8　今は1年を通して最も忙しい時期ですので、お届けは1週間遅れます。
　　　○ **be delayed**
　　　遅れる

□ 9　出荷までの工程を早めることはできないでしょうか。
　　　○ **speed up 〜**
　　　〜を早める

第3章 商談・接待・出張編

ビジネス英会話のカギ

ship（出荷する）はshipment（荷物）、shipping fee（送料）も重要。estimate（見積もる）はestimated sales（予想売上高）、estimated amount（見積額）としても覚えておこう。

CD2 11

1 What's the estimated delivery date?
❶ estimatedで「到着予定の」を表す。

2 When is the earliest you can ship the products?
❶ 他にHow soon can you ship it out?もバリエーションとして覚えたい。

3 Shipments are made every day.

4 The items should arrive within 10 days.
❶ shouldは「～する予定である」という近い未来を表す。

5 Could you move up the delivery date?
❶ move up the meeting scheduleで「会議スケジュールを繰り上げる」。

6 We're currently out of stock.
❶ 「在庫がある」場合はWe are in stock.と言う。

7 We can't ship your order by the end of this month due to our production schedule.

8 Since this is our busiest time of the year, the delivery will be delayed by one week.

9 Is there any chance you can speed up the handling process?
❶ 「出荷（までの）工程」はhandling processでよい。

SCENE 59 商談・交渉⑥ 支払い

支払い期日は会社によって異なるので、確認することが大切です。支払い方法や請求書の発行についてのフレーズも身につけておきましょう。

- [ ] 1 お支払いはいつ可能でしょうか。
  - ○ arrange for payment
    支払いの手続きをする

- [ ] 2 お支払い方法はどういたしましょうか。
  - ○ payment options
    支払い方法

- [ ] 3 銀行振込にてお支払いいただけます。
  - ○ bank transfer
    銀行振込

- [ ] 4 電信振込にてお支払いいただきたく存じます。
  - ○ wire transfer
    電信振込

- [ ] 5 お支払いは商品到着から1カ月以内にお願いします。
  - ○ due（支払期限で）を使う

- [ ] 6 分割払いはできますか。
  - ○ in installments
    分割で

- [ ] 7 請求書をPDFファイルにてお送りください。
  - ○ invoice
    請求書

- [ ] 8 指定口座に送金いたしました。
  - ○ remit
    送金する

- [ ] 9 速やかにお支払いいたします。
  - ○ settle the bill
    支払いを済ます

ビジネス英会話のカギ

dueは支払い期限を表す重要な形容詞で、due date（支払い期日；締め切り日）や、When is it due?（期限はいつですか）のように使います。フレーズ8のdesignate（指定する）はdesignated district（指定区域）やdesignated bank（指定銀行）のように使うことができます。

CD2 12

1 When can you arrange for payment?

2 What are your payment options?
❶「支払い方法」はmethod of paymentという言い方もある。

3 You can make payment by bank transfer.
❶「支払う」はmake paymentで動詞はmakeを使う。

4 The payment has to be made by wire transfer.

TOEIC

5 The payment is due within a month of delivery.

TOEIC

6 Will you accept payment in installments?
❶ installmentは「分割払いの1回分」。何回かに分けるので複数で使う。

7 Please send the invoice in a PDF file.
❶「請求書」はinvoiceかbillを使う。

TOEIC

8 We have remitted the amount to the designated account.
❶ designated accountで「指定口座」を表す。

9 We'll settle the bill immediately.
❶ immediatelyは「今すぐに」という切迫感を伴った副詞。

SCENE 60 商談・交渉⑦ 締める

商談や交渉が完了したら合意事項を確認するようにしましょう。合意できないことをきちんと相手側に伝えるフレーズも紹介します。

---

1. では、これまで合意した事項を確認しておきましょう。
   - ○ confirm
     確認する

2. これでやっと我々は合意に達しました。
   - ○ reach an agreement
     合意に達する

3. 3年契約をさせていただきたいです。
   - ○ contract
     契約

4. 後日契約書の草案をお送りさせていただきます。
   - ○ draft
     草案

5. 社の者と相談しなくてはなりません。
   - ○ our people（社の者：自社の人間）を使う

6. すみませんが、私の一存では決めかねます。
   - ○ by myself を使う

7. 残念ながら御社の見積りはお受けできません。
   - ○ accept
     受ける；受け入れる

8. よく考えた結果、現時点ではご提案をお断りしなくてはなりません。
   - ○ after due consideration
     よく考えた結果

9. 来週にまたお会いして、残っている問題を話し合うのはいかがでしょうか。
   - ○ remaining issues
     残っている問題

第3章 商談・接待・出張編

ビジネス英会話のカギ

「契約書」はcontractで、その「下書き；草案」はdraftと言い、事前に相手の確認をとるのが基本です。フレーズ8のdueは「期限で」を表す他に「十分な」の意味もあり、due consideration（熟考；十分な思案）は商談や会議でのレベルアップ表現。

CD2 13

1 Now, let's confirm what we have agreed on so far.
❶「これまで；今までのところ」はso farと言う。

TOEIC

2 Finally, we have reached an agreement.
❶「やっと」はfinallyがぴったり。

3 We'd like to make a 3-year contract.

TOEIC

4 We'll send you the draft of the contract later.

5 I'll have to discuss this with our people.

6 I'm afraid I can't make this decision by myself.

TOEIC

7 Unfortunately, we can't accept the quote you offered.
❶ Unfortunatelyやフレーズ6のI'm afraidで始めると言葉を和らげられる。

8 After due consideration, we have to pass up on your offer at this time.   ❶ We have to decline your offer. もよく使う。

9 I'd like to suggest that we meet again next week and discuss a few remaining issues.

SCENE 61 マーケティング

マーケティングの会話のポイントはよく使う表現を駆使することです。典型的なフレーズを使って練習しましょう。

---

1. 消費者のニーズを見極めることは、我々の競争力を維持するために不可欠です。
   - **competitive edge** 競争力

2. 全国的な流通システムを確立することが欠かせません
   - **distribution system** 流通システム（網）

3. SSG社は我が社の最大のライバルです。
   - **competitor** 競争相手；ライバル

4. 我々は来週から大規模な販売キャンペーンを始めます。
   - **kick off ~** ~を始める

5. アジア市場に新商品ラインを投入する前に市場調査をするのが急務です。
   - **conduct a market research** 市場調査をする

6. 商品の需要が急速に落ち込んでしまいました。
   - **demand** 需要

7. 無料お試し期間を最長60日まで延長するのはどうですか。
   - **free trial period** 無料お試し期間

8. 売上げはそこそこ伸びるだろうと、我々は予測しています。
   - **anticipate** 予測する

9. 今月は目標生産数を達成するのが絶望的になってきています。
   - **target production amount** 目標達成数

ビジネス英会話のカギ

ビジネスではライバルをcompetitorと表現します。派生語もcompetitive price（他社に負けない価格）、compete in the global market（国際市場で競争する）など、よく使う重要語です。フレーズ4の「大規模な」はcomprehensiveにも言い換え可能で、comprehensive research（大がかりな調査）も重要フレーズ。

CD2 14

1. Identifying consumers' needs is a must in order to maintain our competitive edge.

2. It's essential to build up a nationwide distribution system.
   ❶「欠かせない」はessential、「全国規模の」はnationwideを使う。

3. SSG Corporation is our biggest competitor.

4. We're going to kick off the large-scale sales campaign from next week.

5. It's imperative to conduct market research before putting our new line on the Asian market.

6. The demand for the product has dropped dramatically.
   ❶「急速に」はdramaticallyで表せる。

7. Why don't we extend the free trial period up to a maximum of 60 days?

8. We anticipate a moderate increase in sales.
   ❶「そこそこの増加」はmoderate increaseで表せる。modestも使える。

9. It's becoming hopeless to reach the target production amount this month.　❶「達成する」はreachを使うとよい。

SCENE 62 ゲストを迎える

アテンドはまずお客様を出迎えるところから始まります。定番フレーズとともに気の利いたひと言も言えるといいですね。

- □ 1 失礼ですが、メイソンさんですか。 ○ Excuse me, but ～で始める

- □ 2 ようこそ日本へ。初めまして。 ○ welcomeを使う

- □ 3 電話では何度もお話ししましたね。 ○ many times 何度も

- □ 4 空の旅は快適でしたか。 ○ flightを使う

- □ 5 ほとんど眠っていましたよ。 ○ most of the time（ほとんど）を使う

- □ 6 かなり揺れました。 ○ bumpy ガタガタと揺れる

- □ 7 時差ぼけのようです。 ○ jet lag 時差ぼけ

- □ 8 鞄をお持ちしましょう。 ○ Let me ～で始める

- □ 9 ホテルまでお連れします。タクシーに乗りましょう。 ○ grab a taxi タクシーに乗る

第3章 商談・接待・出張編

ビジネス英会話のカギ

ゲストを出迎えたときにはWe appreciate your coming all this way.（はるばる遠路お越しいただき、ありがとうございます）といったひと言を忘れずに。もし一人でお客様を出迎える場合であっても、会社を代表する意味で主語はWeにするのがいいでしょう。

CD2 15

1 **Excuse me, but** are you Mr. Mason?
❶ 相手を確認するときに必須のフレーズ。

2 **Welcome to Japan.** It's very nice to meet you.
❶ 再会した場合はWelcome back. とする。

3 We've talked many times on the phone.

4 Did you have a good flight?
❶ 飛行機で来たゲストにかけるひと言。

5 I slept most of the time.

6 It was quite bumpy.

TOEIC

7 I think I have jet lag.

TOEIC

8 **Let me help you with** the bag.
❶ このまま覚えておくと、the bagを他の単語に変えて使える。

TOEIC

9 I'll take you to your hotel. Let's grab a taxi.
❶「お連れする」はtake youを使う。なお、grabは直訳で「つかむ」という意味。

SCENE 63 アテンドの予定を決める

お客様と話し合って接待の予定を決めましょう。相手の都合や好みなどを確認しながら話を進めるのがポイントです。

□ 1　今晩お食事にお連れしたいのですがいかがでしょうか。
- take you out
  あなたをお連れする

□ 2　ロビーで6時に会いましょう。
- meet up
  落ち合う

□ 3　こちらに5時半に迎えにまいります。
- come pick you up
  迎えに来る

□ 4　コーヒーでも飲みながらスケジュールを確認しておきましょうか。
- confirm
  確認する

□ 5　こちらが旅行日程表のコピーです。
- itinerary
  旅行日程表

□ 6　ディナーの前にいくつか確認しておきましょう。
- go over
  確認する

□ 7　どのようなものをお召し上がりになりたいですか。
- feel like 〜 ing
  〜したい

□ 8　何か食べられないものはありますか。
- anythingを使う

□ 9　食事の前にどこか行ってみたいところはありますか。
- any placeを使う

ビジネス英会話のカギ

接待の予定をお客様と話し合うときには、take you out（連れて行く）、come pick you up（迎えに来る）、meet up（落ち合う）、go over（確認する；ざっと見る）などの動詞句が活躍します。しっかり覚えて上手に使いこなしましょう。

CD2 16

1. Can I take you out for dinner tonight?
   ❶ 覚えておけばfor以下の表現をいろいろと変えて使える。

2. Let's meet up in the lobby at 6:00.

TOEIC
3. I'll come pick you up here at 5:30.
   ❶ このまま覚えて時間を変えて使おう。

TOEIC
4. Why don't we confirm our schedule over a cup of coffee?
   ❶「コーヒーを飲みながら」はoverを使って簡単に言える。

TOEIC
5. Here's the copy of your itinerary.
   ❶ itineraryはTOEICの必須語。

TOEIC
6. Let's go over a few details before dinner.

TOEIC
7. What do you feel like eating?

8. Is there anything you can't eat?
   ❶ 食事に誘うときには必ず確認しておきたい。

9. Is there any place you'd like to visit before dinner?
   ❶ 空き時間を有効に活用したいときにぴったりのフレーズ。

SCENE 64 食事をする

食事に招待したときは、お客様が食べたいものを聞くのがマナーです。接待されたときのお礼のひと言も覚えましょう。

- □ 1 何にしますか。 ● would you likeを使う

- □ 2 もう注文できますか。 ● readyを使う

- □ 3 私はこの懐石料理のAコースにします。 ● haveを使う

- □ 4 私もそれと同じものにしてもらえますか。 ● makeを使う

- □ 5 こちらにはコーヒーは付いていますか。 ● come withを使う

- □ 6 お料理はいかがですか。 ● likeを使う

- □ 7 とてもおいしいです。この美しく芸術的な盛りつけに感動しています。 ● enjoy (楽しむ)を使う

- □ 8 もう1杯いかがですか。 ● care for 〜 〜をほしい

- □ 9 お勘定はこちらで大丈夫です。 ● take care ofを使う

ビジネス英会話のカギ

注文を何にするかを相手に聞くにはWhat would you like?が一般的です。「(料理を)～にする」はI'll have ～やI'll take ～です。フレーズ4は同じものを注文する際に使うお決まりフレーズ。make it twoは「それを2つにする」、すなわち「同じものにする」というわけです。

CD2　17

1 What would you like?
❶ 決まり文句。このまま使って相手の意向を聞こう。

2 Are you ready to order?
❶ 相手に頼むものが決まったか尋ねるフレーズ。給仕係もこう聞いてくる。

3 I'll have this Kaiseki A dinner.
❶ I'll take ～でもOK。「懐石料理」はa traditional Japanese multi-course mealと説明できる。

TOEIC
4 Can you make it two?
❶ I'll have the same. でもOK。

5 Does this come with coffee?
❶「サラダが付きますか」ならDoes this come with a salad? とする。

6 How do you like your food?
❶ 食事の途中で感想を聞くのに使う。

7 It's very tasty. I'm enjoying this beautiful artistic presentation.
❶「おいしい」はvery good、great、deliciousなどいろいろと表現できる。

TOEIC
8 Would you care for another drink?

TOEIC
9 Let me take care of the bill.
❶「会社もちです」はThe company will pick up the tab [bill]. となる。

SCENE 65 パーティーのマナー

パーティー会場で招待客を迎えるフレーズから始めましょう。お決まりフレーズが活躍します。

□ 1	こんにちは。どうぞお入りください。	● come on in (会場などに) 入る
□ 2	ご招待いただきありがとうございます。	● invite 招待する
□ 3	よくいらしてくれましたね。	● make it を使う
□ 4	これはちょっとしたものですが、どうぞ。	● something を使う
□ 5	まあ、お気遣いは無用でしたのに。ありがとうございます。	● shouldn't を使う
□ 6	どうぞごゆっくりなさってください。	● at home を使う
□ 7	こちらに座ってもかまいませんか。	● Mind if ～ で始める
□ 8	あちらのサラダはもう食べましたか。とてもおいしいですよ。	● try (食べてみる) を使う
□ 9	何だかこちらは楽しそうですね。ご一緒してもいいですか。[盛り上がっているグループに]	● join you (ご一緒する) を使う

第3章　商談・接待・出張編

ビジネス英会話のカギ

英語圏ではパーティーや記念日に贈り物を手渡すときに、日本のように「つまらないものですが」と謙遜しないと言われますが、近年は変わりつつあるようで、フレーズ4のような表現を頻繁に耳にします。フレーズ5のレスポンスはなかなか言えないのでこのまま覚えておくといいでしょう。

CD2　18

1. Hello, come on in.
❶ このまま覚えて使おう。

2. Thank you so much for inviting me.
❶ It was very kind of you to invite me. もOK。帰る際にはThank you for having me. とひと言。

3. Glad you could make it.
❶ make itにはパーティーなどに「都合をつけて出席する」の意味がある。

TOEIC
4. Here's a little something for you.
❶ 手みやげやプレゼントを渡すときの定番フレーズ。

5. Oh, you shouldn't have! Thanks.
❶ 直訳すると「(そんなことを) すべきでなかったのに」。

TOEIC
6. Please make yourself at home.
❶ 訪問客への定番フレーズ。直訳すると「家にいるようになさってください」。

TOEIC
7. Mind if I sit here?
❶ MindはDo you mindの省略形。No, not at all. で「かまわない (=どうぞ)」という応答になる。

8. Did you try the salad over there? It's very good.
❶ over thereは「あそこの」の意。

9. Something interesting is going on here. May I join you?
❶ going onは直訳で「進行中である」を表す。

147

SCENE 66 乾杯する

パーティーで乾杯をするときには決まった言い方があります。短いスピーチも定番表現から始めるとうまくいくでしょう。

□ 1	では乾杯をさせていただきます。	○ proposeを使う
□ 2	我々の来年とその未来の成功に乾杯！	○ Here's to 〜 〜に乾杯
□ 3	皆様。私からひと言よろしいでしょうか。	○ a few words (ひと言) を使う
□ 4	スタッフを代表して皆様の前でスピーチできることは、この上ない喜びです。	○ privilege この上ない喜び
□ 5	本日は島田さんの入社20年となる記念すべき日です。	○ mark (記念する) を使う
□ 6	このプロジェクトの新メンバーとなる山崎さんを心より歓迎いたします。	○ extend a warm welcome 心より歓迎する
□ 7	本日は、35年の勤務を経てSSGを退職される永倉さんの門出を共に祝いたいと思います。	○ We're here today to celebrate 〜 〜を共に祝う
□ 8	藤堂さんのために、みんなで有意義な送別会にいたしましょう。	○ fond farewell (心のこもった別れ) を使う
□ 9	（パーティーを）開始する前に、変更点を2、3お知らせいたします。	○ a few changes 2、3の変更点

ビジネス英会話のカギ

「乾杯する」はmake [give, drink] a toastのほか、もう少しカジュアルな場面ではBottoms up!（乾杯！）もよく使われます。フレーズ6の「歓迎する」は他にWe're pleased to welcome on board our newest member of the team.（チームの新しいメンバーを心より歓迎します）も重要な言い回しです。

CD2 19

1
I'd like to propose a toast.
❶ propose a toastで「乾杯する」。決まった言い方。

TOEIC
2
Here's to our success next year and beyond!
❶ 乾杯のときの定番表現。beyondは「～を越えて・過ぎて」の意。

3
Ladies and gentlemen. Allow me to say a few words.
❶ Could I have your attention?（ちょっとよろしいでしょうか）も覚えておこう。

TOEIC
4
It is my privilege to speak before you on behalf of all the staff.
❶ on behalf of ～は「～を代表して」というTOEIC頻出イディオム。

5
Today marks the 20th anniversary of Mr. Shimada's joining the company.

TOEIC
6
We'd like to extend a warm welcome to our newest addition to this project, Mr. Yamazaki.　❶ extend a warm helloとも言える。

TOEIC
7
We're here today to celebrate with Mr. Nagakura who's retiring after 35 years with the SSG Corporation.

8
Please join me in wishing Mr. Todo a fond farewell.
❶ join me in ～で「私と共にみんなで～する」。

TOEIC
9
Before we get started, I have a few changes to announce.
❶ get startedは「始める」。

SCENE 67 パーティーで会話を楽しむ

パーティーでは初対面の人と話す機会も多いはず。相手のことがわからない前提で礼儀正しく会話を楽しみましょう。

- [ ] 1 お仕事はどちらの関係ですか。
  - ○ line of work [business] 業種；職種

- [ ] 2 どこかでお会いしたことはありませんか。
  - ○ somewhere (どこか) を使う

- [ ] 3 何とお呼びすればよろしいですか。
  - ○ address (人を)〜と呼ぶ

- [ ] 4 すみません、お名前が聞き取れませんでした。
  - ○ catch (聞き取る) を使う

- [ ] 5 どの部署にお勤めですか。
  - ○ department [division] 部署

- [ ] 6 そちらの(会社の)景気はいかがですか。
  - ○ How で始める

- [ ] 7 あなたの評判はお聞きしております。
  - ○ Your reputation (あなたの評判) で始める

- [ ] 8 現在は自営をしております。
  - ○ self-employed 自営の

- [ ] 9 日本での生活には慣れてきましたか。
  - ○ get used to 〜 〜に慣れる

第3章　商談・接待・出張編

ビジネス英会話のカギ

お酒があまり飲めない場合には、I'm just a social drinker.（お酒は付き合い程度です）が便利。また、女性が席を立つときはI'm going to powder my nose.（お手洗いに行ってきます）がお勧めです。powder my nose（お粉をはたく）はフォーマルなパーティーに最適。

CD2 20

1 What line of work [business] are you in?
❶「コンピュータ関係です」なら、I'm in the computer business. と答える。

2 Don't I know you from somewhere?
❶ Could be.（そうかもしれませんね）やNo, I don't believe so.（いえ、たぶん違います）と答える。

3 How may I address you?

4 Sorry, I didn't catch your name.
❶ Would you say that again?（もう一度お願いできますか）も覚えておこう。

TOEIC
5 Which department [division] do you work for?
❶「総務部です」ならI work for [I'm in] the Administration Department. と答える。

TOEIC
6 How's your company doing?
❶「景気はどうですか」はHow's your business? と聞いてもOK。

7 Your reputation has proceeded you.
❶ 直訳すると「評判があなたより先に進んでいる」。I'm flattered.（照れますね）などと答える。

8 I'm self-employed now.

TOEIC
9 Are you getting used to life in Japan?
❶ get oriented to the locationなら「ロケーションに慣れる」。

SCENE 68 日本を紹介する①

日本は世界の注目を集めています。海外のビジネスパーソンとの会話でも日本についてしっかり話せるようにしておきましょう。

☐ 1	日本には世界で最も発達した公共交通機関があります。	○ public transportation system 公共交通機関
☐ 2	日本人女性の平均寿命は世界一です。	○ life expectancy 平均寿命
☐ 3	日本では、2020年には4人に1人が65歳以上になると推測されています。	○ It is estimated that ～ ～と推測されている
☐ 4	日本には春夏秋冬と、はっきりとした四季があります。	○ distinctive 明確に区別のできる
☐ 5	子育ての大きな経済的負担が少子化の主な原因の1つです。	○ child rearing 子育て
☐ 6	日本は多くを輸入食品に頼っています。	○ food imports 輸入食品
☐ 7	持てる者と持たざる者の格差が広がっています。	○ disparity 格差
☐ 8	消費者はまだ買い控えをしています。	○ hold off on spending 買い控えをする
☐ 9	地方の小さな町では過疎化が深刻な問題となっています。	○ depopulation 過疎；人口減少

ビジネス英会話のカギ

グローバルなビジネスでは、ビジネスパートナーも日本について高い関心を示します。public transportation system（公共交通機関）、pension（年金）、disparity（格差）、financial burden（経済・財政負担）、depopulation（人口減少）など、日本を説明するキーワードを組み込んで話せるようにしましょう。

CD2 21

1. Japan has one of the most developed public transportation systems in the world.

2. Japanese women have the highest life expectancy in the world.
   ❶「平均寿命」はaverage life spanでもOK。

3. It is estimated that nearly one out of four people in Japan will be sixty-five years old or over in the year 2020.

4. Japan has four distinctive seasons: spring, summer, autumn and winter.

5. The huge financial burden of child rearing is one of the major causes of the declining birth rate.

6. Japan relies heavily on food imports.

7. There is a growing disparity between haves and have-nots.
   ❶ haves and have-notsで「持てる者と持たざる者」。「広がる」はgrowを使う。

8. Consumers in Japan are still holding off on spending.
   ❶「消費者」はconsumer。

9. Small towns in rural areas have been experiencing a serious problem of depopulation.

SCENE 69 日本を紹介する②

日本の基本情報は最近では外国人も知っているので、一歩掘り下げた情報を教えてあげると喜ばれます。

☐ 1 日本は最も地震の多い国の1つで、火山国でもあります。
- **earthquake-prone** 地震の多い

☐ 2 東京にある近年の建物はほとんどが耐震設計のものです。
- **earthquake-proof** 耐震(設計)の

☐ 3 多くの日本人が節電のために、なるべく電気を使わない生活をしています。
- **unplug**(プラグを抜く;電気を使わない)を使う

☐ 4 日本の高い夏の気温と湿気が時々熱中症の原因となります。
- **heat stroke** 熱中症

☐ 5 日本では父親が育児休暇を取ることはめったにありません。
- **child-care leave** 育児休暇

☐ 6 ランチタイムには、多くのオフィス街のレストランが手頃な値段の定食を出します。
- **business district** オフィス街

☐ 7 日本のアニメは楽しいものから思考を促すものまでバラエティー豊かです。
- **thought-provoking** 考えさせる;示唆に富む

☐ 8 ことわざにあるように「出る杭は打たれる」ので、一般的に日本人は大多数の意見に合わせます。
- **conform to the majority opinion** 大多数の意見に合わせる

☐ 9 日本を旅行するなら、春の、特に桜が満開になるころがお勧めです。
- **in full bloom** 満開の

第3章　商談・接待・出張編

ビジネス英会話のカギ

他のキーワードとしては、gender equality（男女平等）、nursing-care insurance（介護保険）、day care（託児所）、prepaid rail pass（プリペイド式定期券）などは、日本について話すときに使えるものです。anime（アニメ）、karaoke（カラオケ）、cosplay（コスプレ）などはそのまま英語でも通じます。

CD2 22

1. Japan is one of the most earthquake-prone and volcanic countries.

2. Most of the modern buildings in Tokyo are made earthquake-proof.

3. Many Japanese have been trying to unplug their lives as much as possible in order to save electricity.

4. Japan's high summer temperatures and humidity sometimes lead to heat stroke.

5. Fathers in Japan rarely take child-care leave.
   ❶ child allowance（子供手当）も覚えておこう。

6. Many restaurants in the business district offer reasonable set menus during lunch break.

7. Japanese anime is rich in variety, ranging from entertaining to thought-provoking.

8. In general, Japanese conform to the majority opinion as the proverb says, "The nail that sticks out gets hammered down."

9. It's highly recommended you travel to Japan in the spring, especially when cherry blossoms are in full bloom.

SCENE 70 海外出張① 空港で

空港で必要なフレーズはビジネス出張も個人旅行も同じです。キーワードと基本フレーズを知っておけば事足ります。

1. 通路側の席をお願いしたいのですが。
   - **aisle seat** 通路側の席

2. 非常口に近い席をお願いできますか。
   - **exit-row seat** 非常口座席

3. 荷物を1つ預けます。
   - **check** 預ける

4. 預ける荷物はありません。
   - **baggage** 荷物

5. これは機内に持ち込むバッグです。
   - **carry-on** 機内に持ち込む

6. マイレージをお願いします。[付けてもらえますか]
   - **mileage points** マイレージ

7. 荷物が重量オーバーですね。
   - **overweight** 重量オーバーの

8. では機内持ち込み手荷物に少しだけ移し替えます。
   - **switch** 移し替える

9. 帰りの便の再確認をしてもいいですか。
   - **reconfirm** 再確認をする

第3章　商談・接待・出張編

ビジネス英会話のカギ

baggageは主に「荷物そのもの」を表すのに対して、luggageは「旅行カバン」を意味します。混同しないようにしましょう。フレーズ2のIs it possible ～?（～してもらえますか）はビジネスやフォーマルな場面でぜひ使いこなしたい重要フレーズ。

CD2 23

TOEIC

1 I'd like an aisle seat, please.
❶「窓際の席」はwindow seat。

TOEIC

2 Is it possible to have an exit-row seat?

3 I'd like to check one item.
❶ itemでも「荷物」を表せる。

4 I have no baggage to check.

5 This is my carry-on bag.

6 Can you add on the mileage points?
❶「～に加える」はadd on ～を使う。

7 Your luggage is overweight.
❶ Your luggage exceeds the baggage allowance.（手荷物制限をオーバーしています）

8 OK, let me switch some to the carry-on luggage.

9 Can I reconfirm my returning flight?
❶ reconfirm my reservationなら「予約を再確認する」。returning flight（帰りの便）。

SCENE 71 海外出張② 機内にて

機内での基本フレーズも個人旅行と変わるところはありません。キーになる表現をチェックしておきましょう。

- [ ] 1 すみません、通ります。
  - ○ pass
    通る

- [ ] 2 そこは私の席だと思いますが。
  - ○ 「あなたは私の席に座っている」と言う

- [ ] 3 ヘッドホンが壊れているようなのですが。
  - ○ work
    機能する；動く

- [ ] 4 それ、お手伝いしましょうか。
  [荷物を棚に上げるときなど]
  - ○ Would you 〜 ?で始める

- [ ] 5 毛布をあと1枚もらえますか。
  - ○ another blanket
    毛布をあと1枚

- [ ] 6 食事は少し後にしたいのですが、かまいませんか。
  - ○ have my meal
    食事をする

- [ ] 7 では食事を持ってきてもらえますか。ありがとう。
  - ○ bring my meal
    食事を持ってくる

- [ ] 8 席を倒しても大丈夫ですか。
  - ○ recline
    (座席を)倒す

- [ ] 9 こちらを片付けてもらえますか。
  - ○ take 〜 away
    〜を片付ける

第3章 商談・接待・出張編

ビジネス英会話のカギ

フライトアテンダントに何か注文したり、手助けを求めたりするフレーズが中心です。May I ～?、I'd like ～、Would you like ～?などの許可・依頼表現やdoesn't seem to work（壊れているようだ）、take away（片付ける）、recline my seat（シートを倒す）などの言い方に慣れましょう。

CD2 24

1 Excuse me, but may I pass?
❶ Can you let me through? も「通してもらえますか」の意味で使える。

2 I think you're sitting in my seat.
❶ I thinkを付けると言い方が柔らかくなる。

TOEIC
3 My headset doesn't seem to work.
❶ 本当は壊れていない可能性もあるのでseem toを付ける。

4 Would you like some help with that?
❶ いろいろな場面で使えるので、とっさに言えるよう練習しておこう。

5 Can I have another blanket?

6 I'd like to have my meal a little bit later. Is that OK?

7 Can you bring my meal now? Thanks.

8 May I recline my seat?

TOEIC
9 Can you take this away?
❶ Can you put this away? とも言える。

SCENE 72 海外出張③ ホテルの予約

ホテルでの会話も個人旅行とあまり変わりませんが、ビジネスの場合にはインターネットが使えるかどうかは確認しておきたいところですね。

☐ 1　今晩シングルルームの空きはありませんか。
- available
  空いている

☐ 2　10月14日から2泊予約したいのですが。
- make a reservation
  予約する

☐ 3　料金はいくらになりますか。
- rate
  料金

☐ 4　朝食は付いていますか。
- come with 〜
  〜が付いている

☐ 5　部屋でネットは使えますか。
- Internet connection
  ネット接続

☐ 6　もう少し安い部屋はありませんか。
- less expensive
  もっと安い

☐ 7　チェックアウトを遅くできますか。
- late check-out
  遅いチェックアウト

☐ 8　それは無料なのでしょうか。
- free of charge
  無料

☐ 9　滞在中は貴重品を預かってもらえますか。
- valuables
  貴重品

第3章　商談・接待・出張編

> ● **ビジネス英会話のカギ**
>
> 宿泊やサービス料金についてはフレーズ3や4、8を使い、トラブルを避けるためまず事前に確認しましょう。朝食やインターネット接続の有無はcome with（〜にサービスで付いている）を使って簡単に聞けます。

CD2 25

1 **Do you have any single rooms available tonight?**
   ● available tonightはroomsの後に付け加えればいい。

TOEIC

2 **I'd like to make a reservation for 2 nights from October 14.**
   ● このフレーズを基本に「宿泊日数」や「チェックイン日」を変えて使おう。

TOEIC

3 **What's the rate?**

TOEIC

4 **Does it come with breakfast?**
   ● Is breakfast included? もOK。

5 **Is there an Internet connection in the room?**

6 **Do you have any less expensive rooms available?**

7 **Do you have late check-out?**
   ● 飛行機の到着時間が遅いときなどに便利。

8 **Is it free of charge?**
   ● 同じ意味のfor free（無料）でもOK。It's available for free.（無料でご利用いただけます）。

9 **Can you keep my valuables during my stay?**
   ●「セーフティーボックスはありますか」ならDo you have a safety-deposit box? でOK。

SCENE 73 海外出張④ 滞在する

ホテルライフが快適かどうかは出張の成否にもかかわります。基本フレーズを上手に使いましょう。ビジネスなら滞在の延長などはよくあることですね。

□1	こんにちは。チェックインをお願いします。	○ I'd like to 〜 〜をお願いします
□2	ネットで予約しました。	○ make a reservation 予約する
□3	お支払いはどのようにいたしますか。	○ How 〜 ? で始める
□4	書類をプリントアウトできる場所はありませんか。	○ any place を使う
□5	朝食は何時までですか。	○ Until で始める
□6	(料金は)部屋につけておいてください。	○ charge A to B A(料金)をB(部屋など)につける
□7	この金額は何でしょうか。	○ charge(請求金額)を名詞で使う
□8	ルームサービスはお願いしていませんが。	○ ask for 〜 〜を頼む
□9	あと1泊延長したいのですが。	○ extend 延長する

第3章 商談・接待・出張編

> **ビジネス英会話のカギ**
>
> 滞在を延長するには extend（延長する）を使います。この他にも extend deadline（締め切りを延ばす）、extend business（事業を拡張する）、extend gratitude（謝意を表明する）などさまざまなビジネス場面に使います。charge も多義語で by charge で「カードで（支払う）」、charge 〜 to my room なら「〜を部屋につける」。

CD2 26

1. Hello. I'd like to check in, please.

TOEIC
2. I made a reservation online.
   ❶「ネットで」には online を使う。

3. How would you like to pay?
   ❶ by cash（現金で）、by charge（カードで）などを使って答える。

4. Is there any place where I can print out some documents?

5. Until what time is breakfast served?
   ❶「何時から」なら From what time 〜? である。

TOEIC
6. Please charge it to my room.
   ❶ 定番フレーズ。

7. What's this charge for?
   ❶ I don't recognize this charge. でも OK。

8. I don't think I asked for any room service.

9. I'd like to extend my stay for one more night.
   ❶ extend my stay で覚えておきたい。

SCENE 74 海外出張⑤ ホテルのトラブル

海外のホテルではトラブルに見舞われたり、サービスが悪かったりすることがよくあります。定番フレーズを使って切り抜けましょう。

- □ 1 カギを部屋に置いたまま出てしまい中に入れません。 ○ lockを使う
- □ 2 トイレの水が流れません。 ○ flush （水が）流れる
- □ 3 カードキーが使えないのですが。 ○ key card カードキー
- □ 4 ハンドタオルが足りないのですが。 ○ hand towel ハンドタオル
- □ 5 テレビが映らないのですが、見てもらえませんか。 ○ have no reception 映らない
- □ 6 お湯が出ないのですが。 ○ come out （水などが）出る
- □ 7 コンセントのアダプターはありますか。 ○ outlet adapter コンセントのアダプター
- □ 8 部屋を変えてもらうわけにはいきませんか。 ○ switch 交換する
- □ 9 だれか来て手伝ってもらえませんか。 ○ sendを使う

第3章 商談・接待・出張編

ビジネス英会話のカギ

トラブルのほとんどは定番フレーズで対応可能です。例文のフレーズはこのまま覚えておくと便利です。work（作動する；役割を果たす）やcome out（出る）、switch（交換する）を使いこなしましょう。自分ではどうにもならないときには、フレーズ9を使ってホテルのスタッフを呼びましょう。

CD2 27

1 I locked myself out.
❶定番の重要フレーズ。このまま覚えよう。

2 The toilet won't flush.
❶設備や機械などが「動こうとしない」ときにはwon'tを使う。

3 The key card is not working.
❶ここのworkは「作動する」の意味。

4 I don't have enough hand towels.
❶ bath towel（バスタオル）。

5 I have no TV reception. Can you take a look?
❶ receptionは「電波の受信（状態）」を表す。

TOEIC
6 Hot water won't come out.
❶ There's no hot water in my room. でもOK。

7 Do you have an outlet adapter?
❶「コンセント」はoutletと言う。

TOEIC
8 Is it possible to switch my room to another one?

TOEIC
9 Can you send someone here to help me?

165

SCENE 75 海外出張⑥ 道順と交通機関

ビジネスではタクシーを使う機会が多いので、運転手とのやりとりに使う定番フレーズを練習しましょう。道順を聞くフレーズも紹介します。

□ 1	ここから一番近いATMにはどのように行けばいいですか。	○ How can I get to 〜 〜にはどのように行けばいいか
□ 2	どの出口が郵便局の方に出ますか。	○ Which exit 〜？を使う
□ 3	地下鉄の駅はこちらの方向でいいですか。	○ right direction 正しい方向
□ 4	サンセット通りまでお願いします。	○ 後ろにpleaseを付ける
□ 5	ここで降ろしてもらえますか。	○ drop 〜 off 〜を降ろす
□ 6	正面玄関で止めてもらえますか。	○ pull over (車を) 止める
□ 7	お釣りは取っておいてください。	○ keepを使う
□ 8	どこで乗り換えればいいのでしょうか。	○ transfer 乗り換える
□ 9	今はどのあたりなのでしょうか。	○「今私たちはどこにいますか」と聞く

第3章 商談・接待・出張編

ビジネス英会話のカギ

タクシーの運転手に対して使う重要表現は、drop me off（降ろす）、pull over（車を止める）などです。行き先を告げる場合は、フレーズ4のようにダイレクトでもぶっきらぼうにはなりません。お釣りをチップとしてあげるときは、Keep the change. と言いましょう。

CD2 28

TOEIC

1 How can I get to the nearest ATM from here?

2 Which exit goes to the Post Office?
❶ Which exitを主語にするとシンプルに言える。

3 Is this the right direction to the subway station?

4 Sunset Blvd., please.
❶ Blvd.はboulevard（大通り）の略字。

TOEIC

5 Can you drop me off here?
❶「〜を車に乗せる［車で拾う］」ならpick upを使う。

TOEIC

6 Can you pull over at the main entrance?
❶ pull someone overなら警官などがドライバーに「車を止めさせる」こと。

7 Keep the change.
❶「お釣り」はchangeである。

TOEIC

8 Where should I transfer?

9 Where are we right now?
❶ 方角が分からなかったり、運転手に不安を感じたらこう聞こう。

心を揺さぶる ビジネス名言 ❸

Most of the important things in the world have been accomplished by people who have kept on trying when there seemed to be no hope at all.

by Dale Carnegie

「世の中の偉大な功績のほとんどは、希望など全くないように思えたときにでも挑戦し続けた人々によって達成されてきた」

デール・カーネギー

第4章
とっさの
お役立ちフレーズ編

言えそうで言えないショートフレーズと、日本語のビジネス四字語・四字熟語に対応した英語表現を練習しましょう。思わぬところで役立つはずです。

- SCENE 76（CD-2 Track 29）
  ▼
- SCENE 85（CD-2 Track 38）

SCENE 76 とっさのショートフレーズ①

SCENE 76〜80では覚えておくとビジネスシーンで重宝するとっさのショートフレーズを紹介します。日本語の語句に対応して整理してあります。

それは[が]

☐ 1 それはよく覚えておきます。 ○ keepを使う

☐ 2 それが気になるのは当然ですよ。 ○ concernを使う

☐ 3 それは分かりかねますので、後ほどご連絡いたします。 ○ sureを使う

☐ 4 それは十分に分かっているつもりですが。 ○ be aware of 〜
〜を分かっている；〜に気づいている

☐ 5 それは見過ごすことはできません。 ○ walk away from 〜
〜に背を向ける；〜を無視する

☐ 6 それはあまり考えたことがありません。 ○ give it much thought
深く考える

☐ 7 それはまだどうなるかは分かりません。 ○ up in the air
未決定の；はっきりしていない

全く

☐ 8 全くおっしゃる通りです。 ○ againを使う

☐ 9 全くの誤解ですね。 ○ complete
全くの；完全な

☐ 10 全くついていませんでした。 ○ not 〜 at allを使う

第4章 とっさのお役立ちフレーズ編

> **ビジネス英会話のカギ**
>
> 仕事で何か質問されて、すぐにわからないときはフレーズ3のようにI'm not sure about that.と答えます。I don't know that.（知りません）はビジネスでは無責任な印象を与えてしまうので、控えましょう。

CD2 29

TOEIC
1. I'll keep that in mind.
   - keep ～ in mind（～を心に留める・覚えておく）

2. It's a legitimate concern, actually.
   - legitimateは「もっともな」という意味。legitimate reasonで「筋の通った理由」。

3. I'm not sure about that. Let me get back to you later.

TOEIC
4. I'm totally aware of that.

5. We can't just walk away from it.

6. I haven't given it much thought.

TOEIC
7. It's still up in the air.
   - The situation is fluid.とも言える。fluid（流動的な）。

TOEIC
8. You can say that again.

9. It was a complete misunderstanding.
   - misunderstanding（誤解）

10. I didn't have any luck at all.

SCENE 77 とっさのショートフレーズ②

「そこまで」「そろそろ」に対応する英語表現を含むショートフレーズを紹介します。

そこまで

□ 1 そこまではできません。   ○ farを使う

□ 2 そこまではまだ手が回っていません。   ○ get around to ~
〜まで手が回る

□ 3 そこまで気にすることはないですよ。   ○ get upset
動揺する；取り乱す

□ 4 私にできたのはそこまででした。   ○ allを使う

□ 5 そこまでは考えていませんでした。   ○ that far ahead
そこまで

そろそろ

□ 6 そろそろ終わりにしましょう。
［会議や作業の終了時に］   ○ wrap up
終わりにする

□ 7 そろそろ失礼します。   ○ split
分裂させる→出る

□ 8 そろそろ時間がなくなってきました。   ○ run out of ~
〜がなくなる・尽きる

□ 9 そろそろ本気で取りかからないと。   ○ buckle down to work
仕事に真面目に取り組む

□ 10 そろそろあなたも気づいているかと思いますが。   ○ figure ~ out
〜に気づく；〜を理解する

第4章 とっさのお役立ちフレーズ編

ビジネス英会話のカギ

「そろそろ」は他にLet's get going.（そろそろ始めましょう）、I have to go now.（そろそろ電話を切ります）もよく使います。If you insist.（そこまでおっしゃるのならお言葉に甘えます）は、断り切れず引き受ける定番フレーズ。

CD2 30

1. **I can't go that far.**
   ❶ That's going too far.（そこまではやり過ぎです）も覚えておこう。

2. **I haven't been able to get around to it yet.**

3. **It's nothing to get upset about.**

4. **That was all I could do.**

5. **I haven't thought that far ahead yet.**

TOEIC
6. **Let's wrap it up.**
   ❶ Let's wrap up today's discussion.（そろそろ本日の会議を終えましょう）も定番。

TOEIC
7. **I have to split.**
   ❶ ぜひ使いこなそう。

TOEIC
8. **We're running out of time.**

9. **It's time to buckle down to work.**
   ❶ It's time to roll up my sleeves. とも。直訳「腕まくりする」。

TOEIC
10. **You must have figured it out by now.**

SCENE 78 とっさのショートフレーズ③

「ちょうど」「もう少しで」「ちょっと」に対応する英語表現を含むショートフレーズの数々です。

ちょうど

- □ 1 (それなら)ちょうどここにありますよ。 ○ right hereを使う
- □ 2 ちょうど今そうするところでした。 ○ be about to 〜 (まさに〜しようとしている)を使う
- □ 3 ちょうど彼から電話があったところです。 ○ justを使う
- □ 4 (それは)ちょうどできました。 ○ justを使う

もう少しで

- □ 5 おっと、もう少しで忘れるところでした。 ○ nearly (もう少しで)を使う
- □ 6 もう少し様子を見なくてはなりません。 ○ waitを使う
- □ 7 もう少しで終わります。[完成です] ○ almostを使う

ちょっと

- □ 8 ちょっと小耳にはさんだのですが。 ○ A little birdで始める慣用表現
- □ 9 ちょっと困っているのですが。 ○ some helpを使う
- □ 10 ちょっとそのことが心配です。 ○ a littleを使う

第4章 とっさのお役立ちフレーズ編

ビジネス英会話のカギ

「ちょっと」は他にCan I have a word with you?（ちょっとお話があるのですが）、Sorry to butt in, but ～（ちょっとお邪魔しますが）、Something came up.（ちょっと用事ができまして）も覚えておきましょう。

CD2 31

1 I have it right here.
- have it で「(それは) ここにある」を表す。

TOEIC
2 I was just about to ...

3 He's just called in.
- call in (電話をかけてくる)

4 I've just got it done.
- get ~ done (~を完了する)

5 Oh, I've nearly forgot.
- このままでよく使う。

TOEIC
6 We have to wait and see.
- 様子を見るときの定番フレーズ

7 I'm almost done.

8 A little bird told me that …

9 I think that I can use some help.
- use は「～があるとありがたい」というニュアンス。このまま覚えよう。

TOEIC
10 I'm a little concerned about it.
- be concerned about ~ (~を懸念する・気にする)

SCENE 79 とっさのショートフレーズ④

「やっぱり」「何か」「どうぞ」に対応する英語表現を含むショートフレーズを練習しましょう。

やっぱり

☐ 1 やっぱりこちらにはマイナスとなってしまいましたね。　○ I knew で始める

☐ 2 やっぱりこうなってしまうと思っていました。　○ I knew で始める

☐ 3 やっぱり不幸中の幸いとなりましたね。　○ turn out to be（～となる）を使う

☐ 4 やっぱりこういうことか。　○ This is で始める

何か

☐ 5 何か私に用でしたか。　○ something を使う

☐ 6 今日は何かあるのですか。　○ What で始める

☐ 7 この書類は何か間違っていますか。　○ something を使う

どうぞ

☐ 8 どうぞお気軽に聞いてください。　○ feel free to を使う

☐ 9 お先にどうぞ。　○ go ahead を使う

☐ 10 どうぞ遠慮なくお使いください。　○ guest を使った慣用表現

第4章 とっさのお役立ちフレーズ編

ビジネス英会話のカギ

「やっぱり（なるほど）」はバリエーションが多くあります。I knew it.（知っていた→やっぱり）、No wonder.（不思議でない→やっぱり）、That explains why.（それで説明がつく→やっぱり）も覚えておきましょう。

CD2 32

1 **I knew it would work against us.**
   ❶ work against us で「我々に不利となる」。

2 **I knew it would come to this.**
   ❶ I knew this coming. でもOK。

TOEIC
3 **It turned out to be a blessing in disguise.**
   ❶ blessing in disguise は「一見不幸そうでも結局は幸福となるもの」という意味。

4 **This is what I think it is.**

5 **Did you need me for something?**

6 **What's the occasion today?**
   ❶ occasion はこの場合「特別な行事」を表す。ぜひこのまま覚えておこう。

TOEIC
7 **Is something wrong with this paper?**

TOEIC
8 **Feel free to ask me.**

9 **Please go ahead.**
   ❶ After you. もよく使う。エレベーターや入り口で相手に声をかけるときのひと言。

TOEIC
10 **Sure, be my guest.**
   ❶ ペンなどを貸してほしいと頼まれたときなどに。

SCENE 80 とっさのショートフレーズ ⑤

「ダメ」「念のため」に対応する英語表現を含むショートフレーズです。なかなか言えないものばかりです。

ダメ

☐ 1 これではダメです。 ● won'tを使う

☐ 2 やってみましたが、ダメでした。 ● to no avail（[努力などが]無駄になって）を使う

☐ 3 手を引くなど絶対にダメです。 ● out of the question（論外だ）を使う

☐ 4 彼は店長としてまるでダメだ。 ● hopeless（望みのない）を使う

☐ 5 個人メールをチェックするのはダメですよ。 ● be not supposed to ～（～してはならない）を使う

☐ 6 企画がダメになってしまいました。 ● go up in smoke（水の泡になる）を使う

☐ 7 遅刻したことを言い訳してもダメですよ。 ● It's no use ～ ing（～しても無駄である）を使う

念のため

☐ 8 念のためここにマニュアルを置いておきます。 ● in case you need it（必要になるときのために）を使う

☐ 9 念のためご連絡しています。 ● reminder（思い出させるもの）を使う

☐ 10 念のためデータを取っておきましょう。 ● just to be safe 大事をとって；念のため

第4章 とっさのお役立ちフレーズ編

ビジネス英会話のカギ

be not supposed to ～なら「～はダメである（禁止）」ですが、肯定形のbe supposed to ～は「（約束・義務などで）～することになっている」の意味です。You're supposed to pick her up at the airport.（君が彼女を空港まで迎えに行くことになっている）。

CD2 33

1. This won't do.
   ❶ ここのdoは「用が足りる」の意味。

2. I've tried, but to no avail.

TOEIC
3. Backing out is out of the question.
   ❶ back outで「手を引く→途中でやめる」。

4. He's hopeless as a store manager.

TOEIC
5. We're not supposed to check personal e-mails.

6. My proposal went up in smoke.

7. It's no use making excuses for being late.

8. I'll leave the manual here in case you need it.
   ❶ in case you need itの代わりにjust in caseを使ってもいい。

TOEIC
9. This is just a reminder.
   ❶ このまま覚えておこう。

10. Let's back up the data just to be safe.

SCENE 81 ビジネス四字語①

SCENE 81～83はビジネスの慣用的な四字語を英語で表現する練習をします。英語のほうも慣用的な表現なので、日・英の対応で覚えておきましょう。

- [ ] 1 チケットの未使用分については全額返金が受けられます。

- [ ] 2 検査証明書の有効期限はいつですか。

- [ ] 3 今の世の中、多くの会社にとって経費削減が最優先事項である。

- [ ] 4 その新しいデジカメは、大規模な販売促進のおかげでたちまち人気を集めた。

- [ ] 5 我が社はMX社との技術提携の可能性も視野に入れている。

- [ ] 6 すべてのメーカーはその安全基準に従うことを義務づけられている。

- [ ] 7 来週の月曜日は島田さんが社内ワークショップの司会進行を務めることになっています。

- [ ] 8 彼の巧みな宣伝文句にだまされないよう十分注意するように。

- [ ] 9 起業家は予期せぬ事態に備えて、十分な運転資金を手元に置いておくべきだ。

第4章　とっさのお役立ちフレーズ編

ビジネス英会話のカギ

フレーズ2ではtax certificate（納税証明書）やhealth certificate（健康診断書）も重要です。フレーズ4では extensive sales campaign（大規模な販売促進キャンペーン）、nationwide promotion（全国規模のプロモーション）も覚えておきましょう。

CD2 34

TOEIC
1. You will receive a full refund on the unused portion of the tickets.
   ❶ full refundで「全額返金」の意味。refund your orderで「注文を返金する」。

TOEIC
2. When is the expiration date of the inspection certificate?
   ❶ expiration dateで「有効期限」。動詞のexpire（期限が切れる）も重要。

TOEIC
3. In today's world, cutting overhead costs has become the top priority for many companies.

4. The new digital camera caught on immediately thanks to the large-scale sales promotion.

5. We've been looking at the possibility of a technical tie-up with MX Corporation.

TOEIC
6. All manufacturers are required to conform to the safety standards.　❶ conform to ～（～に従う）はTOEICでも頻出。

TOEIC
7. Mr. Shimada is supposed to be a facilitator for the in-house workshop next Monday.

8. Please be careful not to fall for his excellent sales pitch.
   ❶ fall for ～は「～にひっかかる・だまされる」。

TOEIC
9. It's a must for entrepreneurs to keep enough working capital on hand for any contingency.

SCENE 82 ビジネス四字語②

「販売実績」「試用期間」「意思決定」は何と言うでしょうか。フレーズに組み込んで練習してみましょう。

- □ 1 海外からの注文はすべて6ドル95セントの均一料金で発送いたします。

- □ 2 先月は売上目標を達成できなかった。

- □ 3 彼は我々の販売実績に大いに貢献したとして表彰された。

- □ 4 営業部長はスタッフミーティングで明確な目標設定の重要性を強調した。

- □ 5 試用期間中は、休暇は取れません。

- □ 6 その通販会社は雇用契約の違反で訴えられた。

- □ 7 その製薬会社は福利厚生が充実している。

- □ 8 新しい在庫管理システムのおかげで、作業員たちは今では倉庫内の品物の場所を容易に探し当てることができる。

- □ 9 その中堅企業は、深刻な財政難のため支払不能に陥った。

ビジネス英会話のカギ

フレーズ3に関連して、「勤務査定」はperformance evaluation [review, appraisal, assessment]と表現します。salesを使う慣用表現は他に、sales promotion（販売促進）、sales channel（販売経路）、sales forecast（販売予測）など。フレーズ6の「契約違反」はviolation of contractとも言えます。

TOEIC

1. All international orders are sent at a flat rate of $6.95.
   - ❶「均一料金」はflat rateまたはfixed rate。

TOEIC

2. We fell short of our sales target last month.
   - ❶「売上目標」はsales targetまたはsales objective。fall short of ~（~に達しない）。

TOEIC

3. He was commended for making a valuable contribution to our sales performance.

4. The sales manager stressed the importance of clear goal setting at the staff meeting.

5. No vacation will be allowed during a probation period.
   - ❶ probation periodで「試用期間」。probation単独でも使える。

6. The mail-order company was sued for the breach of employment contract.

TOEIC

7. The pharmaceutical company offers a comprehensive benefits package. ❶ fringe benefitsとも言う。

8. Thanks to the new inventory-control system, workers can now readily locate the exact position of each item in the warehouse.

9. The mid-sized firm has become insolvent due to serious financial difficulties.

SCENE 83 ビジネス四字語③

「企業文化」「目玉商品」「規制緩和」は何と言えばいいでしょうか。少し応用的な慣用表現も覚えるようにしましょう。

- [ ] 1　環境への配慮と、それを守ることは我々の共同責任です。

- [ ] 2　彼のマーケティングにおける専門知識は大変有力なスキルです。

- [ ] 3　能力主義では業績や会社への貢献に応じて報酬が与えられる。

- [ ] 4　我が社のウェブデザインは企業文化を反映できるようカスタマイズが可能です。

- [ ] 5　その一流自動車メーカーは組み立てラインで起きた死亡事故の説明責任がある。

- [ ] 6　その衣料品店は客を呼び込むためTシャツとショートパンツを目玉商品として販売している。

- [ ] 7　航空業界における規制緩和は空の安全に影響を及ぼすと主張する人々もいる。

- [ ] 8　この3日間のワークショップは業績回復に躍起になっている経営者を対象としている。

- [ ] 9　再生可能エネルギーが近年、世間の注目を浴びている。

ビジネス英会話のカギ

フレーズ5の「責任」に関連して、responsible（責任がある）、liable（法的責任がある）、accountable（説明する責任がある）のニュアンスの違いを確認しておきましょう。フレーズ7のaffect（影響する）は、一般的にネガティブな影響を表すときに使い、affect your healthで「健康に悪い影響を及ぼす」となります。

CD2 36

1. It's our collective responsibility to go green and preserve the environment. ❶ go greenは「環境に配慮する」。

2. His expertise in marketing is a highly marketable skill.
❶ expertise（専門知識）、marketable skill（売り手の強みとなるスキル）。

3. The merit system rewards employees according to their job performance and contributions to the company.

4. Our web design can be customized in order to reflect your corporate culture.

5. The leading automaker is accountable for the deadly accident on the assembly line.

6. The clothing store sells T-shirts and short pants as a loss leader to bring in more customers.

7. Some people argue that the deregulation of the airline industry can affect air safety. ❶ affectは「（悪）影響を及ぼす」。

8. This three-day workshop is intended for management executives who are desperate to turn their business around.

9. Renewable energy has been attracting public attention in recent years.

SCENE 84 四字熟語①

SCENE 84と85では、日本語の四字熟語に合った英語の慣用表現を紹介します。少し難しいものもありますが、ビジネスで使えるものばかりです。

☐ 1 もう少しで入札に間に合わないところでしたよ。まさに危機一髪でした。

☐ 2 まだまだ暗中模索の状態ですよ。

☐ 3 大丈夫、心配無用です。臨機応変にいきましょう。

☐ 4 我が社の営業戦略の一長一短について討議しましょう。

☐ 5 単刀直入に聞きますが、彼らの反応はどうですか。

☐ 6 ただ今、満場一致で合意に至りました。

☐ 7 これは千載一遇のチャンスに違いありません。今すぐ進めましょう。

☐ 8 この世の中は弱肉強食の世界ですからね。

☐ 9 彼は企画が失敗に終わってからずっと意気消沈している。

ビジネス英会話のカギ

フレーズ1に関連して、have a narrow escape from danger（危機一髪で危険を免れる）やlast-minute booking（ギリギリでの予約）も重要。その他off-the-cuff speech（即興スピーチ）、cut-throat competition（熾烈な競争）もよく使います。

CD2 37

1. We almost failed to make the bid before the deadline. It really was a close call.

2. I still can't seem to find my way out of here.
   ❶ find my way out of here（出口が見つかる）を否定して「暗中模索」の意味を出す。

3. Come on, no worries! Let's play it by ear.
   ❶ play by earは「その場の状況に合わせる」→「臨機応変にいく」。

4. We're here to discuss the pros and cons of our sales strategy.
   ❶ pros and cons（長所と短所）。

5. Let's cut to the chase. What is their feedback?
   ❶ cut to the chaseで「単刀直入に言う；ずばり本題に入る」の意。

TOEIC

6. We have now reached a unanimous agreement.
   ❶ unanimous agreementで「満場一致」。unanimousは「全員賛成の」の意味。

7. This is the one-in-a-million opportunity. What are we waiting for?
   ❶ one-in-a-millionで「千載一遇（の）」。

8. It's a dog-eat-dog world out there, you know.
   ❶ dog-eat-dogで「食うか食われるかの」→「弱肉強食の」。

9. He's been down in the dumps ever since his project fell through.
   ❶ down in the dumpsで「意気消沈して」。fall throughは「失敗に終わる」の意味。

SCENE 85 四字熟語②

「一心不乱」「喜怒哀楽」「油断大敵」——英語でどんなふうに言えばいいか考えてみましょう。

☐ 1　彼女がこのプロジェクトに一心不乱に頑張る姿は、スタッフ全員によい影響を与えています。

☐ 2　皆で一致団結して消費者からの信頼を回復しなくてはならない。

☐ 3　喜怒哀楽の激しい営業部長の下で働くのはもううんざりだ。

☐ 4　定期的にパソコンはウイルスチェックしておきましょう。油断大敵ですよ。

☐ 5　このタイプのモデルは現在、老若男女を問わず好評です。

☐ 6　そんな一攫千金を狙うようなやり方なんて通用しませんよ。

☐ 7　我々はその場ですぐに意気投合して、5年前にこの会社を始めました。

☐ 8　顧客サービス係は、新規顧客からの無理難題に追われて一日中忙しかった。

☐ 9　近藤さんはうちの部署の正真正銘のリーダーだ。

第4章 とっさのお役立ちフレーズ編

ビジネス英会話のカギ

フレーズ7の「意気投合する」は、click with each otherやhit it off with eachotherなどもよく使います。フレーズ8ではIt's a tall order.（そんなこと無理な話ですよ）も重要。フレーズ9のbona fideの類義語はgenuineやauthentic。genuine Japanese（生粋の日本人）、authentic Italian cuisine（本物のイタリア料理）。

CD2 38

TOEIC
1. Her dedication and commitment to this project have been inspiring all the staff.

TOEIC
2. We must all pull together to restore consumer confidence.
 ❶ pull togetherで「一致団結する；協力し合う」の意味。restoreは「回復する」。

3. I'm sick and tired of working for the sales manager who has terrible mood swings.

4. Make sure you run a virus check on your computer at regular intervals. You cannot be too careful.

5. This type of model is currently appealing to all walks of life.
 ❶ all walks of lifeで「あらゆる方面の人々」→「老若男女」を表せる。

6. This kind of get-rich-quick scheme will get you nowhere.
 ❶ get-rich-quickで「一攫千金の」。get you nowhereは「効果がない」という意味。

7. We clicked right then and there and set up this company five years ago.

TOEIC
8. The customer service representative was busy all day dealing with outrageous demands from the new customer.

9. Mr. Kondo is the bona fide leader in our division.
 ❶ bona fideは「正真正銘の；根っからの」を表す。

189

心を揺さぶる
ビジネス名言 ❹

The best way to predict the future is to create it.

by Peter F. Drucker

「未来を予言する最良の方法は、未来を作ることだ」

ピーター・F・ドラッカー

日本語逆引きインデックス

本書収録のフレーズを日本語で引けるようにした索引です。使いたいフレーズを探すのにご利用ください。

あ

相変わらず忙しくしております。 ………………… 16
ICレコーダーがとうとう壊れてしまいました。
 ………………………………………………………… 82
あいにく彼は今社内におりませんが。 ………… 30
あいにく今週はスケジュールが重なっていて都合が悪いのですが。 ……………………………… 26
あいにくできません。すみません。 …………… 60
空きポストは先週埋まりました。 ……………… 110
アジア市場に新商品ラインを投入する前に市場調査をするのが急務です。 ………………… 138
預ける荷物はありません。 …………………… 156
明日は大阪まで日帰り出張しなくてはなりません。
 ………………………………………………………… 106
明日は休みをいただいております。 ………… 106
頭がズキズキと痛いです。 ……………………… 52
アダムス氏から紹介していただいた者ですが。
 ………………………………………………………… 32
新しい広告はいつ（ネットに）アップされるのですか。 ……………………………………………… 66
新しいマーケティングについての概略をお知らせいたします。 ………………………………… 92
あちらのサラダはもう食べましたか。とてもおいしいですよ。 ………………………………… 146
あと1泊延長したいのですが。 ……………… 162
後で飲みに行きませんか。 ……………………… 46
後でゆっくり話しましょう。 ……………………… 16
アドバイスをいただけたらと思いまして。
 ………………………………………………………… 48
あとは私がやっておきますよ。 ………………… 64
あなたなら絶対うまくやれますよ。 …………… 72
あなたの言うことも一理ありますが、残念ながら同意しかねます。 …………………………… 98
あなたの気持ちはよく分かります。 …………… 44
あなたの直属の上司は誰になりますか。 ……… 36
あなたの提案には全面的に賛成です。 ………… 96
あなたの評判はお聞きしております。 ……… 150
あなたは2カ月分の退職手当を受け取る権利があります。 ………………………………………… 104
アポを午前中の時間帯にずらしてもらうことは可能ですか。 …………………………………… 26
あまり自分を責めないでください。 …………… 44
ありがとうございます。でも先約がありますので。 …… 46
ありがとうございます、非常に助かります。 …… 64
安全許可が下りるまでどのくらいかかりますか。
 ………………………………………………………… 66

い

いいえ、税金は含まれておりません。 ……… 128
いいですよ。あとは私がやっておきますよ。
 ………………………………………………………… 58
いいですよ、どういったことですか。 ………… 58
いいですよ。何をさせていただきましょうか。
 ………………………………………………………… 58
いいですよ、もちろん。 ………………………… 46
胃がキリキリと痛みます。 ……………………… 52
行けたら（そうできたら）いいのですが、今回は無理です。 ……………………………………… 46
維持費も大幅にカットできます。 …………… 120
急ぎませんよ。まだ時間的に大丈夫です。 …… 62
一度コツをつかんだら、あとはもっと（作業が）楽になりますよ。 ……………………………… 72
一番早くていつ頃交換品は届きますか。 ……… 76
一番早くていつ頃出荷できますか。 ………… 132
1部ずつホチキスで留めていただけますか。
 ………………………………………………………… 84
一括してお支払いいただけるのであれば15%のディスカウントをお受けできますが。 ……… 130
1個20ドルにしてもらうには何が条件（必要）でしょうか。 ……………………………………… 128
1個につき20ドル以上は無理です。 ………… 128
1千個以上の注文には10％の割引をさせていただきます。 ……………………………………… 130
いつ修理が終わりますか。 ……………………… 66
井上が私の後任になります。 …………………… 36
今、忙しくて手が離せません。 ………………… 60
今すぐですか。［待ってはもらえませんか］ …… 60
今のところはいい感じです。 …………………… 68
今の世の中、多くの会社にとって経費削減が最優先事項である。 …………………………… 180
今は1年を通して最も忙しい時期ですので、お届けは1週間遅れます。 ……………………… 132
今は在庫がありません。 ……………………… 132
今はそんな余裕などありません。 ……………… 98
今はとにかくやれるだけのことをやっています。
 ………………………………………………………… 68

191

今はどのあたりなのでしょうか。 ………… 166
いろいろとお世話になりました。 ………… 38

う

ウィルシャーさんをお願いできますか。 …… 28
ウェブのアクセス件数の急激な落ち込みが心配です。 ………………………………………… 98
受け取った注文品に問題があるようなのですが。 ……………………………………………… 76
動かなくなったアプリケーションをこんなふうに強制終了しなくちゃならないのが全くイヤになる。 …………………………………………… 82
ウソ、それはないでしょ！ またパソコンが固まってしまった！ ………………………… 82
うまくいかないような雰囲気です。 ………… 68
うまく行かなくてすみませんでした。 ……… 42
裏紙を使うとよく紙詰まりになってしまいます。 ……………………………………………… 84
売上数字を水曜日までに報告してください。 …………………………………………………… 62
売上げは一気に増加しました。 …………… 118
売上げは前年度比で10%ダウンしました。 …………………………………………………… 118
売上げはそこそこ伸びるだろうと、我々は予測しています。 ……………………………… 138

え

営業プロモーションの進み具合はどうですか。 ……………………………………………… 66
営業レポートはあとどれくらいかかりますか。[どこまで進んでいますか] ………………… 66
SSG社は我が社の最大のライバルです。
 ……………………………………………………… 138

お

お会いできるのを心待ちにしていました。
 ……………………………………………………… 14
お忙しいところありがとうございました。
 ……………………………………………………… 38
お忙しいところご清聴いただき誠にありがとうございました。 ……………………………… 122
お噂はかねがねうかがっております。 …… 36
大きなスペースを取りません。 …………… 126
大口注文であれば価格を下げることができます。 …………………………………………… 130
多くの日本人が節電のために、なるべく電気を使わない生活をしています。 ………… 154

大まかな合意は得られたと思います。 …… 70
お勘定はこちらで大丈夫です。 …………… 144
沖田さんは京都営業所に配属されました。
 ……………………………………………………… 108
お気遣いいただきましてすみません。 …… 40
(それは)お客様のご要望にぴったりなのは間違いありません。 ……………………………… 126
お断りしなくてはならないです。 ……………… 60
お先にどうぞ。 ………………………………… 176
教えてくれてありがとうございます。 ……… 38
お仕事はどちらの関係ですか。 …………… 150
お支払いはいつ可能でしょうか。 ………… 134
お支払いは期限を20日過ぎています。 …… 80
お支払いは商品到着から1カ月以内にお願いします。 ………………………………………… 134
お支払いはどのようにいたしますか。 …… 162
お支払い方法はどういたしましょうか。 … 134
恐れ入りますが、お客様側の間違いだと思いますが。 ………………………………………… 78
お茶などいかがでしょうか。 ………………… 20
おっと、もう少しで忘れるところでした。
 ……………………………………………………… 174
おっと、忘れるところでした。おかげで思い出しましたよ、ありがとうございます。 ……… 38
お釣りは取っておいてください。 …………… 166
お手伝いしましょう。 ………………………… 64
お手元の資料をご覧ください。 ……………… 92
お電話ありがとうございました。失礼いたします。 ……………………………………………… 32
お電話いただいたそうですね。 ……………… 32
お父様のこと、本当にお気の毒です。大変つらかったことでしょう。 ……………………… 44
お取り寄せ商品が入荷しましたらすぐにお知らせします。 ………………………………… 74
お腹(胃)の調子が悪くて。 …………………… 52
お久しぶりですね。[どうされていましたか] ‥ 14
お待たせしてすみません。 …………………… 22
お待ちしておりました。
[ようこそおいでくださいました] …………… 20
お招きいただきましてありがとうございました。
 ……………………………………………………… 38
お目にかかれて大変うれしいです。 ……… 14
思ったより良くありません。 ………………… 68
お湯が出ないのですが。 …………………… 164
お料理はいかがですか。 …………………… 144
お礼を言うのはこちらの方ですよ。 ……… 38
お別れするのは名残り惜しいです。 ……… 18
お忘れ物などありませんか。 ……………… 18
御社のご希望価格は1個80ドルですか。 … 128

INDEX

か

カードキーが使えないのですが。 ……… 164
（パーティーを）開始する前に、変更点を2、3
お知らせいたします。 ……………………… 148
帰りの便の再確認をしてもいいですか。 … 156
価格の幅はおいくらでお考えですか。 …… 124
カギを部屋に置いたまま出てしまい中に入れません。 …………………………………… 164
拡大コピーしてもらえますか。 ……………… 84
風邪を引きかけているようです。 …………… 52
肩こりがずっとひどくて。 …………………… 52
必ず文書でもらうようにしてください。 …… 62
かなり揺れました。 ………………………… 140
可能であれば月曜日に会ってお話ししたいのですが。 ……………………………………… 24
彼女がこのプロジェクトに一心不乱に頑張る姿は、スタッフ全員によい影響を与えています。
……………………………………………… 188
彼女は明日は午前休です。 ………………… 106
彼女は今少し席を外しているのですが。 …… 30
彼女は現在産休を取っています。 ………… 104
彼女は子会社に先月異動になりました。 … 108
彼女は今会議に出ておりまして、4時以降なら都合がつきますが。 …………………………… 30
彼女は昇進候補に入っています。 ………… 108
彼女は先月解雇されました。 ……………… 104
彼女は来月会社を辞めます。 ……………… 104
鞄をお持ちしましょう。 …………………… 140
体中が痛いです。
[久しぶりに運動した翌日など] ……………… 52
彼が準備ができているか確認いたします。
………………………………………………… 20
かれこれ1カ月間生産ラインがストップしています。 ………………………………………… 70
彼とはもう古い付き合いです。 ……………… 36
彼の巧みな宣伝文句にだまされないよう十分注意するように。 ……………………………… 180
彼に折り返し連絡させましょうか。 ………… 30
彼の提案に全く賛成です。なぜなら奨励金プログラムは我々のスタッフの士気を上げるものだからです。 ……………………………………… 96
彼のマーケティングにおける専門知識は大変有力なスキルです。 …………………………… 184
彼は今こちらに向かっています。 …………… 20
彼は今、手が離せないようなのですが。 …… 30
彼は企画が失敗に終わってからずっと意気消沈している。 …………………………………… 186
彼は今日休みをもらっています。 ………… 104
彼は今週の社内ゴルフコンペに気合い十分ですよ。 … 102
彼は新宿支店に転勤になりました。 ……… 108
彼は少し会議に遅れています。 …………… 106
彼は地方の支店に飛ばされたという噂です。
……………………………………………… 108
彼は店長としてまるでダメだ。 …………… 178
彼はまた昇進から外れてしまいました。 … 108
彼は私の部下です。 ………………………… 36
彼は何時頃お戻りですか。 ………………… 22
彼らは午後3時から研修を受ける予定です。
……………………………………………… 102
代わりに15日はいかがですか。 …………… 26
代わりに出張の手配をいたしましょうか。
………………………………………………… 64
環境への配慮と、それを守ることは我々の共同責任です。 ………………………………… 184
感謝してもしきれません。 …………………… 40
完了日を延ばす必要があります。 …………… 70

き

企画開発部に所属しております。 …………… 34
企画がダメになってしまいました。 ……… 178
企画が通って最高です！ …………………… 50
起業家は予期せぬ事態に備えて、十分な運転資金を手元に置いておくべきだ。 …………… 180
貴社のお支払い残高はまだ未払いとなっておりますが。 ……………………………………… 80
貴社の銀行口座へ8千ドルの振り込みを手配いたしました。 ………………………………… 80
喜怒哀楽の激しい営業部長の下で働くのはもううんざりだ。 ………………………………… 188
昨日はいろいろと本当にありがとうございました。
………………………………………………… 40
昨日はどうでしたか。 ……………………… 66
希望小売価格はいくらですか。 …………… 122
休憩はやめておきます。 …………………… 86
急を要する事態が起きてしまいまして。 …… 26
今日は最悪の気分です。 …………………… 50
今日は残業しないといけないのですか。 …… 88
今日は出社できません。 …………………… 106
今日は何かあるのですか。 ………………… 176
今日は流通ルートについて話し合います。
………………………………………………… 90
ぎりぎりになっての変更になり大変申し訳ありません。 ……………………………………… 26
銀行振込にてお支払いいただけます。 …… 134
金曜日はちょっと無理です。 ……………… 24

け

経費報告書は毎月10日までに提出しなければなりません。 ………… 62
契約書の各ページにサインをしてください。 ………… 62
経理担当者に確認いたします。 ………… 80
経理部につないでいただけますか。 ………… 28
今朝、彼女から病欠の連絡がありました。 ………… 106
今朝は頭がちゃんと働いていません。 ………… 50
欠陥商品を交換する代わりに商品を割引させていただくのは可能でしょうか。 ………… 78
元気でしたよ。そちらは？ ………… 16
元気ですよ。 ………… 16
原稿は裏向きにセットしなくてはなりません。 ………… 84
現在このサービスはかなりの需要があります。 ………… 120
現在特許出願中です。 ………… 120
現在の状況は全スタッフに伝えなくてはなりません。 ………… 74
現在は自営をしております。 ………… 150
検査証明書の有効期限はいつですか。 ………… 180
検査日程を組んでもらってもよろしいですか。 ………… 56

こ

ご一緒できてよかったです。 ………… 18
航空業界における規制緩和は空の安全に影響を及ぼすと主張する人々もいる。 ………… 184
合計額に間違いを見つけました。 ………… 76
交渉は行き詰まっています。 ………… 70
工場は現在フル稼働しております。 ………… 70
コーヒーでも飲みながらスケジュールを確認しておきましょうか。 ………… 142
コーヒーブレイクで元気が回復しました。 ………… 86
5月14日までに履歴書を送らなければなりません。 ………… 110
顧客サービス係は、新規顧客からの無理難題に追われて一日中忙しかった。 ………… 188
顧客の心をつかむことが最優先であることを常に認識しておく必要があります。 ………… 94
ここから一番近いATMにはどのように行けばいいですか。 ………… 166
ここで降ろしてもらえますか。 ………… 166
後日契約書の草案をお送りさせていただきます。 ………… 136
ご質問は最後にお願いいたします。 ………… 114
ご質問は随時お受けいたします。 ………… 114
ご招待いただきありがとうございます。 ………… 146
ご親切にありがとうございます。でもどうぞお気遣いなく。 ………… 40
個人的に責めたのではないですよ。部長はあなたのことを思ってくれているのですよ。 ………… 48
個人メールをチェックするのはダメですよ。 ………… 178
子育ての大きな経済的負担が少子化の主な原因の1つです。 ………… 152
こちらが当社の新製品です。 ………… 126
こちらが旅行日程表のコピーです。 ………… 142
こちらが私どもの(提示できる)条件です。 ………… 130
こちら(この製品)の希望価格はいくらになりますか。 ………… 128
こちらに5時半にお迎えにまいります。 ………… 142
こちらに座ってもかまいませんか。 ………… 146
こちらにはコーヒーは付いていますか。 ………… 144
こちらの記録では514ドルほどお支払いが不足しております。 ………… 80
こちらの注文とは違うものが送られてきました。 ………… 76
こちらはZH-1型をバージョンアップしたものです。 ………… 120
こちらはいつもと変わりません。 ………… 16
こちらは我が社の売れ筋の商品です。 ………… 120
こちらを片付けてもらえますか。 ………… 158
こちらを原田さんにお渡し願いたいのですが。 ………… 18
ことわざにあるように「出る杭は打たれる」ので、一般的に日本人は大多数の意見に合わせます。 ………… 154
このあたりで一息入れましょう。 ………… 86
この円グラフは当社の製品が海外市場でも大いに競争力があることを示しています。 ………… 118
この会議の目的は新しい営業戦略を話し合うことです。 ………… 90
この3月に出たばかりです。 ………… 126
この会社には8年前に入りました。 ………… 34
この金額は何でしょうか。 ………… 162
この件に関してどなたかお分かりになる方はいらっしゃいますか。 ………… 32
この件に関してはもう少し調査いたします。 ………… 94
この件についてどう思いますか。 ………… 94
この件は詳しく調べまして早急にご連絡いたします。 ………… 78
このことはかなり前から考えているのです。 ………… 72
この仕事に10年以上携わっています。 ………… 34

INDEX

この書類は何か間違っていますか。 ……… 176
この新機能は必ず注目を集めるでしょう。 …… 120
この数字は昨年度の運営コストを表しています。 …… 92
この図表は我が社の販売実績を表しています。 …… 118
この製品はコスト削減に大いに役立ちます。 …… 120
このソフトはインストールにひどく時間がかかります。 …… 82
このタイプのモデルは現在、老若男女を問わず好評です。 …… 188
このたびはご迷惑[ご面倒]をおかけして誠に申し訳ございません。 …… 42
このプランで進めるべきだと思います。 …… 96
このプロジェクトの新メンバーとなる山崎さんを心より歓迎いたします。 …… 148
この分野では最大手の会社の1つです。 …… 116
この部屋の後ろで実際にZH-1を試していただけます。 …… 122
このポップアップ広告を出ないようにするにはどうすればいいですか。 …… 82
この3日間のワークショップは業績回復に躍起になっている経営者を対象としている。 …… 184
この世の中は弱肉強食の世界ですからね。 …… 186
細かい所をもう一度見てもらえると非常にありがたいのですが。 …… 56
ご迷惑[ご面倒]をおかけしてすみません。 … 42
ご用件を伺ってもよろしいですか。 ………… 32
ご用件をお伺いいたします。 ………………… 28
これ以上質問がないようでしたら、次の議題に移りましょう。 …… 100
これではダメです。 ……………………………… 178
これでやっと我々は合意に達しました。 … 136
これは機内に持ち込むバッグです。 ………… 156
これは千載一遇のチャンスに違いありません。今すぐ進めましょう。 …… 186
これはちょっとしたものですが、どうぞ。 …… 146
これらがその製品の主な利点です。 ………… 126
これらのファイルを番号順に並べてください。 …… 84
今回は本当にギリギリ間に合いましたよ。 …… 70
今月は目標生産数を達成するのが絶望的になってきています。 …… 138
今週あたりお会いすることはできますか。 …… 24
今週の水曜日は空けておいてもらえますか。 …… 46

コンセントのアダプターはありますか。 … 164
近藤様に2時にお会いする予定なのですが。 …… 20
近藤さんが私の上司です。 …………………… 36
近藤さんはうちの部署の正真正銘のリーダーだ。 …… 188
こんなことはよくあることですよ。 ………… 44
こんにちは、SSGの内藤ハヤトです。 ……… 28
こんにちは。営業部のジョーンズ様からお電話いただきまして折り返しているのですが。 …… 32
こんにちは。お会いできてうれしいです。 …… 14
こんにちは。お伺いしましょうか。 ………… 20
こんにちは。チェックインをお願いします。 …… 162
こんにちは。どうぞお入りください。 …… 146
こんにちは。またお会いできてうれしいです。 …… 14
こんにちは。私はFMB社の沖山敬司ですが、近藤様をお願いてきますか。 …… 20
今晩お食事にお連れしたいのですがいかがでしょうか。 …… 142
今晩シングルルームの空きはありませんか。 …… 160
今晩夕食などご一緒にいかがですか。 ……… 46

さ

最悪の場合はまた徹夜ですよ。 ……………… 88
最近いかがですか。 …………………………… 14
最近体調があまり良くなくて。 ……………… 52
在庫水準を最小限に抑える必要があります。 …… 94
最後に会ってからしばらく経ちますね。 …… 14
最初の議題は広告費です。 …………………… 92
最新情報ではSSG社が大手検索エンジン(会社)と提携したそうです。 …… 74
最新の価格見積りをいただきたいのですが。 …… 124
最新のテクノロジーが採用されています。 …… 120
再生可能エネルギーが近年、世間の注目を浴びている。 …… 184
最低注文数はいくつですか。 ………………… 128
斉藤さんの意見を聞いてみましょうか。 … 100
斉藤さんの後任は誰ですか。 ………………… 108
昨年から売上げは上昇に向かっています。 …… 118
昨年度の純利益は約5億円でした。 ………… 116

昨夜は帰宅するのに終電ギリギリでした。 …… 88
さっきの話の続きをしましょうか。 ……………… 72
さて、ここまでで重要事項はすべて申し上げました。 ……………………………………………………… 122
佐藤氏には後ほどお引き合わせいたします。 … 36
サマーキャンペーン中は30%オフにさせていただきます。 ……………………………………………… 130
さらに詳しい情報については、我が社のウェブサイトをご覧いただくか、または営業部までご連絡ください。 ………………………………………… 122
残業がなければいいのだけれど。 ……………… 88
賛成の人は手を挙げてください。 …………… 100
3時30分は大丈夫でしょうか。 ……………………… 24
サンセット通りまでお願いします。 …………… 166
3年契約をさせていただきたいです。 ……… 136
残念ながら御社の見積りはお受けできません。
……………………………………………………… 136
残念ながら彼女はもうこの会社にはおりません。
………………………………………………………… 36
残念ながら賛成しかねますが。 ………………… 98

し

自己紹介させていただきます。 ………………… 34
仕事に応募する前に職務内容をよく読まないといけません。 ……………………………………… 110
市場では30%のシェアを占めています。
……………………………………………………… 116
時差ぼけのようです。 …………………………… 140
実際、その2つのどちらにしようか決めかねています。 ……………………………………………… 48
実用的な英語力があることは大きな強みです。
……………………………………………………… 110
失礼ですが、メイソンさんですか。 …………… 140
指定口座に送金いたしました。 ……………… 134
支店長が来る前にこれらファイルを片づけましょう。
………………………………………………………… 62
品物は10日以内にはお手元にお届けします。
……………………………………………………… 132
しばらくお待ちください。 ……………………… 28
しばらく考えさせてもらってもいいですか。
………………………………………………………… 60
自分の仕事で手一杯です。すみません。 …… 60
締め切りはいつですか。 ………………………… 66
社の者と相談しなくてはなりません。 ……… 136
上海でもうすぐ開催される会議のことでお電話したのですが。 ……………………………………… 28
10月14日から2泊予約したいのですが。
……………………………………………………… 160
10時頃には終われそうなのですが。 ………… 88

受賞パーティーは来月プラザホテルで行われます。
……………………………………………………… 102
出荷は毎日行っております。 ………………… 132
出荷までの工程を早めることはできないでしょうか。 ……………………………………………… 132
出張の手配をしてもらえないでしょうか。
………………………………………………………… 56
朱肉をお借りできますか。 ……………………… 84
状況が分かり次第、早急に処理いたします。
………………………………………………………… 80
消費者の購買傾向について調査をすべきでしょう。
………………………………………………………… 94
消費者のニーズを見極めることは、我々の競争力を維持するために不可欠です。 ……………… 138
消費者はまだ買い控えをしています。 ……… 152
商品の需要が急速に落ち込んでしまいました。
……………………………………………………… 138
正面玄関で止めてもらえますか。 …………… 166
ジョーンズさん、近藤さんを紹介いたします。 … 36
食事の前にどこか行ってみたいところはありますか。 ……………………………………………… 142
食事は少し後にしたいのですが、かまいませんか。
……………………………………………………… 158
徐々にいい方向に向いてきています。 ……… 68
書類仕事がまだたくさんあります。 …………… 88
書類をプリントアウトできる場所はありませんか。
……………………………………………………… 162
資料を配っていただけますか。 ………………… 90
人事異動について聞きましたか。 …………… 108
新卒者が午後から面接に来ます。 …………… 110

す

すぐに正しい請求書を送付いたします。 …… 78
すぐに入荷する予定はありますか。 …………… 76
少し時間はありませんか。 ……………………… 48
少しは落ち着きましたか。 ……………………… 14
スタッフ研修を減らすことは、競争力を維持していく上で適切でないと考えます。 …………… 94
スタッフを代表して皆様の前でスピーチできることは、この上ない喜びです。 ………………… 148
すでに支払いがお済みの場合は、この案内は無視してください。 …………………………………… 80
素晴しい仲間と仕事ができたことは私にとって大きな喜びでした。 ………………………………… 40
すばらしく軽量でかつ耐久性があります。
……………………………………………………… 126
すべてのメーカーはその安全基準に従うことを義務づけられている。 …………………………… 180
スミス氏と同意見です。 ………………………… 96

INDEX

すみません、うっかり忘れていました。 …… 42
すみません、お名前が聞き取れませんでした。
 ………………………………………………………… 150
すみませんが、会議資料を用意してもらえない
でしょうか。 ……………………………………… 56
すみませんが、彼は本日は戻りません。 …… 22
すみませんが、こちらを金曜日までに仕上げて
もらえますか。 ………………………………… 56
すみませんが、もう一度お名前をいただけますか。
 …………………………………………………………… 32
すみませんが、私の一存では決めかねます。
 ………………………………………………………… 136
すみません、通ります。 ……………………… 158
速やかにお支払いいたします。 ……………… 134

せ

請求書をPDFファイルにてお送りください。
 ………………………………………………………… 134
税金は含まれていますか。 …………………… 128
生産スケジュールの都合で今月末までにはご注
文品を出荷できません。 ……………………… 132
精神的にかなりきついです。 ………………… 50
製造コストを下げるために、供給業者の変更を
提案したいと思います。 ……………………… 94
咳がしつこく長引いています。 ……………… 52
責任者の方とお会いしたいのですが。 ……… 22
席を倒しても大丈夫ですか。 ………………… 158
全国的な流通システムを確立することが欠かせ
ません。 ………………………………………… 138
全力で頑張ります。 …………………………… 58

そ

早急に差額をお支払いいただけますか。 …… 80
操作も簡単です。 ……………………………… 126
そうしたいのですが、残念ながらできません。
 …………………………………………………………… 60
そうしたいのはやまやまなのですが、今はお手
伝いできません。 ……………………………… 60
そうしてもらえれば非常に助かります。ありが
とうございます。 ……………………………… 38
そこは私の席だと思いますが。 ……………… 158
そこまで気にすることはないですよ。 …… 172
そこまでは考えていませんでした。 ……… 172
そこまではできません。 …………………… 172
そこまではまだ手が回っていません。 …… 172
そこまで深読みしないほうがいいですよ。
 …………………………………………………………… 48
そして横軸は年度を表しています。 ……… 118
そちらの(会社の)景気はいかがですか。 …150
そちらは今週中には入荷の予定です。 ……… 78
その新しいデジカメは、大規模な販売促進のお
かげでたちまち人気を集めた。 …………… 180
その新しい販売戦略においてはあなたと同じ意
見です。 ………………………………………… 96
その一流自動車メーカーは組み立てラインで起
きた死亡事故の説明責任がある。 ……… 184
その衣料品店は客を呼び込むためTシャツとショー
トパンツを目玉商品として販売している。 …… 184
その代わりに、人件費の削減を提案します。
 …………………………………………………………… 98
その件は次の会議で取り上げることにしましょ
うか。 …………………………………………… 100
そのことはまだ正式には発表されていません。
 …………………………………………………………… 74
その線グラフの赤い線は何を表していますか。
 …………………………………………………………… 92
その中堅企業は、深刻な財政難のため支払不能
に陥った。 ……………………………………… 182
その提案には反対です。 ……………………… 98
その点についてあなたに賛成です。 ………… 96
その日取りと会場は決定ですか。 …………… 66
空の旅は快適でしたか。 ……………………… 140
それ、お手伝いしましょうか。
[荷物を棚に上げるときなど] ……………… 158
それがうまくいくとは思えないのですが。
 …………………………………………………………… 98
それが気になるのは当然ですよ。 ………… 170
それで双方にメリットがあります。 ………… 96
それでは現在の財務状況をざっと確認しておき
ましょう。 ……………………………………… 92
それでは、まずは簡単な会社概要から始めさせ
ていただきます。 …………………………… 114
それとこれとは別の問題です。 ……………… 98
それについて少々気になる点があるのです。
 …………………………………………………………… 98
それについてもう少し詳しく説明していただけ
ますか。 ………………………………………… 94
それは後でシュレッダーにかけます。 ……… 84
それはあまり考えたことがありません。 … 170
それは十分に分かっているつもりですが。
 ………………………………………………………… 170
それはまだどうなるかは分かりません。
 ………………………………………………………… 170
それは見過ごすことはできません。 ……… 170
それは無料なのでしょうか。 ……………… 160
それはよく覚えておきます。 ……………… 170
それは分かりかねますので、後ほどご連絡いた
します。 ………………………………………… 170

そろそろあなたも気づいているかと思いますが。
 …………………………………………………… 172
そろそろ終わりにしましょう。
[会議や作業の終了時に] ………………… 172
そろそろ時間がなくなってきました。 …… 172
そろそろ失礼します。 ……………………… 172
そろそろ本気で取りかからないと。 ……… 172
そんな一攫千金を狙うようなやり方なんて通用
しませんよ。 ………………………………… 188
損傷をご確認いただけるよう、写真を添付いた
しました。 ……………………………………… 76
そんなことに負けないで！ ………………… 44
そんなのたいしたことないですよ。 ……… 44

た

滞在中は貴重品を預かってもらえますか。
 …………………………………………………… 160
大丈夫、心配無用です。臨機応変にいきましょう。 …… 186
大丈夫ですよ。[気にしないで] ………… 42
だいたい何時頃が都合がいいですか。 …… 24
(それは)耐熱性に優れ、かつ長持ちします。
 …………………………………………………… 120
助けていただき心から感謝いたします。 …… 40
ただ今彼が電話に出られるか確認します。
 ……………………………………………………… 28
ただ今、満場一致で合意に至りました。 …… 186
縦軸は販売数を表しています。 …………… 118
ダメもとで聞いてみましょう。 ……………… 72
だれか来て手伝ってもらえませんか。 …… 164
誰もあなたのせいだとは思っていませんよ。
 ……………………………………………………… 44
担当者に代わります。 ……………………… 32
単刀直入に聞きますが、彼らの反応はどうですか。
 …………………………………………………… 186

ち

チェックアウトを遅くできますか。 ……… 160
地下鉄の駅はこちらの方向でいいですか。
 …………………………………………………… 166
チケットの未使用分については全額返金が受け
られます。 …………………………………… 180
遅刻したことを言い訳してもダメですよ。
 …………………………………………………… 178
地方の小さな町では過疎化が深刻な問題となっ
ています。 …………………………………… 152
注文数は2箱不足しています。 …………… 76
長期的に見れば我々のプラスになると確信します。
 ……………………………………………………… 96

調子良く進んでいます。 …………………… 68
朝食は付いていますか。 …………………… 160
朝食は何時までですか。 …………………… 162
ちょうど今そうするところでした。 ……… 174
ちょうど彼から電話があったところです。
 …………………………………………………… 174
(それなら)ちょうどここにありますよ。 …… 174
(それは)ちょうどできました。 …………… 174
ちょっとお願いがあるのですが。 ………… 56
ちょっと困っているのですが。 …………… 174
ちょっと小耳にはさんだのですが。 ……… 174
ちょっとそのことが心配です。 …………… 174
ちょっと近くまで来たものですから。 …… 22
ちょっと文房具店まで行ってきます。何か要り
ますか。 ………………………………………… 86

つ

通路側の席をお願いしたいのですが。 …… 156
使い終わったら私の机に戻しておいてもらえま
すか。 …………………………………………… 84
次はしっかり確認してくださいね。 ……… 42

て

定期的にパソコンはウイルスチェックしておき
ましょう。油断大敵ですよ。 ……………… 188
ディナーの前にいくつか確認しておきましょう。
 …………………………………………………… 142
データは揃ってはいません。 ……………… 72
データは定期的にバックアップしておかないと
いけません。 …………………………………… 82
できれば今すぐしてほしいのですが。 …… 62
では市村さん、発言を始めてもらえますか。
 ……………………………………………………… 94
ではおつなぎいたします。 ………………… 28
ではお昼に行ってきます。 ………………… 86
では乾杯をさせていただきます。 ………… 148
では機内持ち込み手荷物に少しだけ移し替えます。
 …………………………………………………… 156
では今日はこれで失礼します。また明日。・18
では、これまで合意した事項を確認しておきま
しょう。 ……………………………………… 136
では食事を持ってきてもらえますか。ありがとう。
 …………………………………………………… 158
ではそろそろおいとまします。 …………… 18
ではそろそろ始めましょうか。 …………… 90
ではちょっと出てきます。 ………………… 86
では着いてきてください。こちらです。 …… 22
ではどう動くかをお見せしましょう。 …… 122

INDEX

出られる前にこの書類に目を通してもらえると非常にありがたいのですが。 …………………… 56
テレビが映らないのですが、見てもらえませんか。 …………………… 164
手を引くなど絶対にダメです。 ………………… 178
伝言はございますか。 …………………………… 30
電信振込にてお支払いいただきたく存じます。 …………………… 134
電信振込の証明書を添付しています。 ……… 80
店長は本日病欠です。 …………………………… 104
電話では何度もお話ししましたね。 ………… 140

と

トイレの水が流れません。 …………………… 164
討議の主なポイントを一通り見ておきましょう。 …………………… 92
東京にある近年の建物はほとんどが耐震設計のものです。 …………………… 154
当社について簡単にご説明いたしましょう。 …………………… 116
当社の製品は市場で高く評価されています。 …………………… 126
どうぞ遠慮なくお使いください。 …………… 176
どうぞお気軽に聞いてください。 …………… 176
どうぞお気をつけてお帰りください。 ……… 18
どうぞごゆっくりなさってください。 …… 146
到着時に3つが壊れていました。 ……………… 76
藤堂さんの送別会は誰が幹事をしていますか。 …………………… 102
藤堂さんのために、みんなで有意義な送別会にいたしましょう。 …………………… 148
どうもノートパソコンの調子が悪いです。 …………………… 82
時々、パソコンの画面が真っ暗になります。 …………………… 82
どこかでお会いしたことはありませんか。 …………………… 150
どこで乗り換えればいいのでしょうか。 …………………… 166
どこまで話しましたか。［話の続きはどこでしょう？］ …………………… 100
どちら様でしょうか。 ………………………… 32
どちらでも結構ですよ。 ……………………… 26
とてもおいしいです。この美しく芸術的な盛りつけに感動しています。 …………………… 144
どの出口が郵便局の方に出ますか。 ………… 166
どの部署にお勤めですか。 …………………… 150
どのようなものをお召し上がりになりたいですか。 …………………… 142

取りあえず終わらせてしまいたいです。 …… 88
取りあえず、しばらくはそうするのが賢明だと思います。 …………………… 48
取締役会が我々の提案を承認しました。 …… 74
どれくらいの給与をお考えですか。 ………… 110
どれだけコストがかかるのか簡単な数字だけでも出してもらえますか。 …………………… 62

な

永倉さんが今日辞表を提出したことをまだ聞いていないのですか。 …………………… 104
何かお手伝いしましょうか。 ………………… 64
何か食べられないものはありますか。 ……… 142
何から始めましょうか。 ……………………… 92
何か私に用でしたか。 ………………………… 176
何にしますか。 ………………………………… 144
何を優先すべきかをきちんと把握することが大切だと思います。 …………………… 48
何だか借りができちゃいましたよ。［カジュアル］ …………………… 40
何だかこちらは楽しそうですね。ご一緒してもいいですか。［盛り上がっているグループに］ …………………… 146
何てことないですよ。 ………………………… 42
何とお呼びすればよろしいですか。 ………… 150
何とかやっています。 ………………………… 16

に

肉体的にヘトヘトになった一日でしたよ。 …………………… 50
日本人女性の平均寿命は世界一です。 ……… 152
日本での生活には慣れてきましたか。 ……… 150
日本では、2020年には4人に1人が65歳以上になると推測されています。 …………………… 152
日本では父親が育児休暇を取ることはめったにありません。 …………………… 154
日本には春夏秋冬と、はっきりとした四季があります。 …………………… 152
日本には世界で最も発達した公共交通機関があります。 …………………… 152
日本のアニメは楽しいものから思考を促すものまでバラエティー豊かです。 …………………… 154
日本の高い夏の気温と湿気が時々熱中症の原因となります。 …………………… 154
日本は多くを輸入食品に頼っています。 …………………… 152
日本は最も地震の多い国の1つで、火山国でもあります。 …………………… 154

日本を旅行するなら、春の、特に桜が満開になるころがお勧めです。 ……………… 154
荷物が重量オーバーですね。 ……………… 156
荷物を1つ預けます。 ……………… 156

ね

ネットで予約しました。 ……………… 162
ネットに接続できません。 ……………… 82
念のためここにマニュアルを置いておきます。
……………… 178
念のためご連絡しています。 ……………… 178
念のためデータを取っておきましょう。 … 178

の

納期(到着予定日)はいつ頃でしょうか。
……………… 132
納期を繰り上げていただけませんか。 …… 132
能力主義では業績や会社への貢献に応じて報酬が与えられる。 ……………… 184
残りの仕事は明日にします。 ……………… 88
残りの商品は現在配送中で、明日そちらに到着予定です。 ……………… 78

は

はい、火曜日は大丈夫です。 ……………… 24
バイク便で出してしょうか。 ……………… 64
はい、それは手配が可能です。 ……………… 58
配達された数が我々の注文と異なっているのですが。 ……………… 76
はい、喜んで。 ……………… 58
初めてお目にかかりますね。 ……………… 34
破損商品に関しては当社の負担でお取り替えいたします。 ……………… 78
80人の応募者を選考して、5人に絞り込みます。 ……………… 110
はっきりしないところはないですか。 …… 100
発売はいつ頃の予定ですか。 ……………… 122
原田さんはパソコンにかなり詳しいです。
……………… 72
ハンドタオルが足りないのですが。 ……… 164

ひ

非常口に近い席をお願いできますか。 …… 156
避難訓練は9月1日の防災の日に行われます。 …… 102
100ドルを超えることはできません。 …… 128
昼休み中に用事を済ませるつもりです。 …… 86

品質においては他の物とは比較になりません。
……………… 126
PDFファイルにて製品カタログをお送りしてもよろしいですか。 ……………… 124

ふ

藤原はすぐに参ります。 ……………… 20
不足分の商品はすぐにお送りいたします。
……………… 78
部長から花見のスポットをキープしておくように頼まれました。 ……………… 102
部長に叱られてしまった。すごく恥ずかしかった。 ……………… 50
部長に新企画の責任者に任命されました。
……………… 108
プリントの統計に注目していただきたいのですが。 ……………… 92
プレゼンが迫っていて何だか落ち着きません。
……………… 50
分割払いはできますか。 ……………… 134

へ

弊社からのご提案はいかがでしょうか。 …… 124
弊社は2年前にSOJインターナショナルと合併いたしました。 ……………… 116
弊社は1975年に設立されました。 ……… 116
弊社は創業して60年以上になります。 …… 116
弊社は東京を本拠として、主な都市に支店が10あります。 ……………… 116
ヘッドホンが壊れているようなのですが。
……………… 158
部屋でネットは使えますか。 ……………… 160
(料金は)部屋につけておいてください。 … 162
部屋を変えてもらうわけにはいきませんか。
……………… 164
変更点に関しては後で教えてもらえますか。
……………… 74

ほ

他のメリットもお見せしましょう。 ……… 122
他の者が対応させていただきますが。 ……… 22
保証はどのようになっていますか。 ……… 22
ホテルまでお連れします。タクシーに乗りましょう。 ……………… 140
ほとんど眠っていましたよ。 ……………… 140
本日討議した内容を確認させてください。
……………… 100

INDEX

本日は、35年の勤務を経てSSGを退職される永倉さんの門出を共に祝いたいと思います。
.... 148
本日はお話しができることを大変光栄に思います。
.... 114
本日は議題がたくさんあります。 90
本日はクライアントに会った後直帰いたします。
.... 106
本日は島田さんの入社20年となる記念すべき日です。 148
本日は新商品をご紹介するすばらしい機会をいただき、誠にありがとうございます。 114
(このたびの成功は)本当にあなたのおかげです。
.... 40
本当に悪気はなかったのです。 42
本当にお世話になりました(助かりました)。ありがとうございました。 38
本当に感謝します。 38
本当に感謝の気持ちでいっぱいです。 40
本当にご無沙汰しております。 16
本当にすみません。 42

ま

まあ、ありがとうございます。でも一人で何とかなりそうです。 64
まあ、お気遣いは無用でしたのに。ありがとうございます。 146
マーケティング部をお願いできますか。 28
マイレージをお願いします。[付けてもらえますか]
.... 156
前のバージョンとの違いは何ですか。 122
まずはこちらの棒グラフをご覧ください。
.... 118
まだ疲れがとれていません。 50
また何か分かったら知らせてください。 74
まだ何とも言えない状況です。 68
また日を改めてお越しいただけますか。 22
また別の機会にお願いします。 46
まだまだ暗中模索の状態ですよ。 186
まだまだ先のことではありますが、今から準備してもいいと思います。 72
まだまだ先は長いです。 88
まだまだ初期段階です。 70
全くおっしゃる通りです。 170
全くついていませんでした。 170
全くの誤解ですね。 170
間もなく受ける健康診断にはかなり緊張します。
.... 102

み

見違えました！[あなたとは気づかなかった] 16
見積りの有効期間はどのくらいですか。 124
見積りを出していただけますか。 124
緑で強調されている部分をよくご覧ください。
.... 118
皆様、こんにちは。全員お揃いですね。 90
皆様。私からひと言よろしいでしょうか。
.... 148
皆様を弊社にお迎えできこの上ない喜びでございます。 114
皆さんのご提案を聞かせていただきありがとうございました。 100
皆さんもこれでよろしいでしょうか。 100
皆で一致団結して消費者からの信頼を回復しなくてはならない。 188

む

無料お試し期間を最長60日まで延長するのはどうですか。 138
無料サンプルを同封いたします。 124

め

名刺がそろそろなくなってきました。 84
眼がかなり疲れています。 52

も

もう1杯いかがですか。 144
申し訳ありませんが、時間を変更させてもらうわけにはいかないでしょうか。 26
申し訳ありません。彼女はただ今別の電話に出ております。 30
申し訳ありません。彼はたった今出たところなのですが。 30
もう少し考えたいので時間が欲しいです。
.... 60
もう少しで終わります。[完成です] 174
もう少しで入札に間に合わないところでしたよ。まさに危機一髪でした。 186
もう少し安い部屋はありませんか。 160
もう少し様子を見なくてはなりません。 174
もう注文できますか。 144
毛布をあと1枚もらえますか。 158
もしかすると注文品は税関で足止めされているかもしれません。 78
もしご面倒でなければ、手伝っていただけない

201

でしょうか。 ·· 56
もしそうなったら、そうなったときに考えましょう。 ·· 72
もし注文を10％増やしていただければ、送料は無料にさせていただきます。 ·············· 130
もしよろしければコートをお脱ぎください。 ·· 22
もちろんです。ではどうぞ始めてください。 ·· 90
もちろん、喜んで。 ······································ 46
もっと早い段階で連絡せずにすみませんでした。 ·· 74
持てる者と持たざる者の格差が広がっています。 ·· 152
(あなたが)戻ってきてくれてよかったです！ ·· 16

や

八木さんにはくれぐれもよろしくお伝えください。 ·· 18
約30分くらいを予定しております。 ········· 114
やってみましたが、ダメでした。 ·············· 178
やっとお会いできて光栄です。 ··················· 14
やっと軌道に乗ってきました。 ··················· 70
やっぱりこういうことか。 ························· 176
やっぱりこうなってしまうと思っていました。 ···· 176
やっぱりこちらにはマイナスとなってしまいましたね。 ·· 176
やっぱり不幸中の幸いとなりましたね。 ···· 176

ゆ

ゆっくり休んでください。［忙しかった日の帰宅時に］ ···· 18

よ

ようこそ日本へ。初めまして。 ················· 140
よくいらしてくれましたね。 ····················· 146
よく考えた結果、現時点ではご提案をお断りしなくてはなりません。 ···························· 136
予算の問題の有効な解決策が思いつかなくて。 ·· 48
予算はどれくらいですか。 ························· 124
予算をはるかに超えています。 ················· 128
よし！　今日は仕事がかなりはかどった。 · 50
予定通りに進んでいます。 ··························· 68
予定より１週間遅れています。 ··················· 68
よろしければお掛けになってお待ちください。 ·· 20

ら

来月から別の部署に移ります。 ··················· 34
来月はほとんど出張ですよ。 ····················· 106
来週あたりもう一度お会いできますか。 ····· 24
来週火曜日からは上海へ出張です。 ········· 106
来週火曜日はいかがでしょうか。 ··············· 24
来週にまたお会いして、残っている問題を話し合うのはいかがでしょうか。 ··················· 136
来週の月曜日は島田さんが社内ワークショップの司会進行を務めることになっています。 ······ 180
来週の予定はどんな感じでしょうか。 ········ 24
ランチタイムには、多くのオフィス街のレストランが手頃な値段の定食を出します。 ······ 154
ランチのときに連絡をいただけますでしょうか。 ·· 56

り

了解いたしました。彼女に伝えておきます。 ·· 30
了解です。すぐそちらにまいります。 ········ 58
了解です。すぐに取りかかります。 ············ 58
了解です。では都合をつけます。 ··············· 46
了解です。何でしょうか。 ··························· 58
料金はいくらになりますか。 ····················· 160

る

ルームサービスはお願いしていませんが。 ····· 162

ろ

ロサンゼルスの関連会社から、まだ未確認ですが情報が入りました。 ···························· 74
ロビーで6時に会いましょう。 ················· 142

わ

我が社のウェブデザインは企業文化を反映できるようカスタマイズが可能です。 ············ 184
我が社の営業戦略の一長一短について討議しましょう。 ·· 186
我が社はMX社との技術提携の可能性も視野に入れている。 ·· 180
私どもの主な購買層は中高年です。 ········· 116
私どもの価格は他社よりお安くなっております。これ以上は下げられません。 ············ 130
私どもの見積りでよろしいでしょうか。 ·· 124

INDEX

私がこのプロジェクトの責任者です。 ……… 34
私がそちらに参りましょうか。 ……………… 26
私が本プロジェクトの責任者です。 ……… 114
私たちは11月にドイツで行われる展示会に出席します。 …………………………………………… 102
私たちはメラニーの結婚祝いにみんなでカンパし合いします。 ……………………………… 102
私だったら「そんなに期待しないほうがいい」と言うでしょうね。 ……………………………… 48
私で何かお力になれることはありませんか。 …………………………………………………… 64
私にできたのはそこまででした。 ………… 172
私にできることがあれば、ご遠慮なくどうぞ。 …………………………………………………… 64
私にできることがあれば何でも言ってください。 ………………………………………………… 44
私の言っていること、分かりますよね？［指示など］ ……………………………………………… 62
私の考えとしては、それはとても理にかなっていると思います。 ……………………………… 96
私の場合、カプチーノが元気の素です。 …… 86
私のプレゼンの後で永倉よりこの商品の詳細を説明させていただきます。 ……………… 114
私は7月から休職しようと考えています。 ……………………………………………………… 104
私は新しくこちらに転勤になりました。 …… 34
私はグラフィックデザイナーとしてのキャリアを開拓していきたいです。 ……………… 110
私はこの会議の司会を務めさせていただく山崎進です。 ……………………………………… 90
私はこの懐石料理のAコースにします。 ………………………………………………………… 144
私はこのまま仕事を続けます。調子を崩したくないので。 ……………………………………… 86
私は人事部長です。 ……………………………… 34
私はスミス氏に代わって出席させていただいております。 ……………………………………… 90
私は早期退職の申請をしました。 ………… 104
私はどうも営業には向いていません。 …… 110
私は何時でも大丈夫ですが。 ………………… 26
私も同じようなことを経験しましたので。 ………………………………………………………… 44
私もそれと同じものにしてもらえますか。 ……………………………………………………… 144
割引率はどれくらい融通が可能ですか。 ……………………………………………………… 130
我々の方が明らかに優位に立っています。 ………………………………………………………… 70
我々の来年とその未来の成功に乾杯！ …… 148
我々はその場ですぐに意気投合して、5年前にこの会社を始めました。 ……………………… 188
我々はどれくらいの時間をこの作業に割り当てますか。 ………………………………………… 66
我々は来週から大規模な販売キャンペーンを始めます。 ………………………………………… 138

203

● 著者紹介

Michy 里中　（ミッチー サトナカ）

ロサンゼルスでビジネス通訳・翻訳業務に7年に渡り従事。現在はアパレル関連のビジネス会議通訳及び翻訳業務に携わりながら、その実務経験を活かしビジネス英語・TOEIC・英検などの英語学習図書を中心に幅広く執筆活動中。またAquaries School of Communication大阪校で英検1級講座・TOEIC990点満点突破講座や、大手企業・同志社大学でのTOEIC講座も務める。英検1級・TOEIC990点満点。著書に『社内公用語の英語　重要表現600』（明日香出版社）、『はじめての英語家計簿』（Jリサーチ出版）がある。

植田一三　（ウエダ イチゾウ）

英語のプロ・達人養成機関、Aquaries School of Communication学長。ノースウェスタン大学院・テキサス大学院終了後、同大学で異文化間コミュニケーションを指導。Let's enjoy the process!（陽は必ず昇る!）をモットーに、英検1級合格者を1500人以上、TOEIC満点突破者を80人以上輩出。主な著書に『英検1級100時間大特訓』（ベレ出版）、『TOEIC TEST これ一冊で990点満点』（明日香出版社）などがある。

カバーデザイン	滝デザイン事務所
本文デザイン／DTP	朝日メディアインターナショナル株式会社
イラスト	いとう瞳
CD録音・編集	財団法人　英語教育協議会（ELEC）
CD制作	高速録音株式会社

英会話フレーズ大特訓　ビジネス編

平成24年（2012年）7月10日発売　初版第1刷発行
平成24年（2012年）12月10日　　　　第2刷発行

著　者	Michy 里中
監　修	植田一三
発行人	福田富与
発行所	有限会社　Jリサーチ出版 〒166-0002　東京都杉並区高円寺北 2-29-14-705 電話 03（6808）8801（代）　FAX 03（5364）5310 編集部 03（6808）8806 http://www.jresearch.co.jp
印刷所	（株）シナノ パブリッシング プレス

ISBN978-4-86392-109-2　禁無断転載。なお、乱丁・落丁はお取り替えいたします。
© 2012 Michy Satonaka, All rights reserved.